国家自然科学基金青年项目（项目号：71904168）
教育部人文社会科学基金青年项目（项目号：19YJC630101） 资助

基于证据推理规则的评估决策方法及其应用

JIYU ZHENGJU TUILI GUIZE DE
PINGGU JUECE FANGFA JIQI YINGYONG

刘　芳◎著

中国财经出版传媒集团
经济科学出版社
Economic Science Press

图书在版编目（CIP）数据

基于证据推理规则的评估决策方法及其应用／刘芳
著 . -- 北京：经济科学出版社，2022. 11
ISBN 978 - 7 - 5218 - 4349 - 1

Ⅰ. ①基… Ⅱ. ①刘… Ⅲ. ①决策方法 - 研究 Ⅳ.
①C934

中国版本图书馆 CIP 数据核字（2022）第 221968 号

责任编辑：杜 鹏 刘 悦
责任校对：刘 娅
责任印制：邱 天

基于证据推理规则的评估决策方法及其应用

刘 芳 著

经济科学出版社出版、发行 新华书店经销
社址：北京市海淀区阜成路甲 28 号 邮编：100142
编辑部电话：010 - 88191441 发行部电话：010 - 88191522
网址：www. esp. com. cn
电子邮箱：esp_bj@ 163. com
天猫网店：经济科学出版社旗舰店
网址：http://jjkxcbs. tmall. com
固安华明印业有限公司印装
710 × 1000 16 开 11.5 印张 200000 字
2022 年 12 月第 1 版 2022 年 12 月第 1 次印刷
ISBN 978 - 7 - 5218 - 4349 - 1 定价：59.00 元

前　　言

　　随着科技的飞速发展，人们面临的决策环境日益复杂，实际决策或评估问题中的不确定性日益增强。证据推理规则是建立在 D‑S 证据理论和多属性决策框架基础上的多源信息融合方法，经历了从证据推理方法到证据推理规则的发展过程。证据推理理论的研究主要包含：用信度函数和信度决策矩阵来描述多属性问题；用来合成信息的证据推理方法；基于规则和效用的信息转换方法；最新的证据推理规则。由于证据推理理论在区分不确定与无知以及精确反映证据收集过程等方面表现出很强的灵活性，在合成时考虑了每一个证据的重要性和可靠性，在处理主观判断问题以及不确定信息的合成方面具有优势，目前已在评估决策等领域得到很好的应用。

　　本书共分 11 章，第 1 章阐述了基于证据推理规则的评估决策方法及其应用的研究背景及目标，说明本书的研究思路和方法。第 2 章介绍了证据推理理论的基本概念与方法。第 3～5 章按照利用证据推理规则作不确定性推理时的要素，分别研究证据信度函数的获取方法、证据的权重和可靠性、证据的合成方法与决策规则。第 6 章和第 7 章阐述了国家自然科学基金立项评估方法，并基于证据推理规则对其进行分析。第 8～10 章阐述了理论研究成果的实际应用。第 11 章阐述了本书的主要研究结论与展望。

本书的创新与贡献主要体现在以下五个方面：(1) 基于多源信息合成视角，研究科学基金立项评估问题，提出科学基金立项评估问题的本质是在获取与项目立项评估相关的多源信息的基础上，对其进行多专家、多层次的合成处理，更加客观地反映立项评估问题价值的过程，为得到较为系统完整、准确和可靠的决策结论提供支持。(2) 本书基于专家历史评价信息，提出了基于混淆矩阵的可靠性度量方法，用于度量专家评价信息的质量，并根据可靠性信息对证据源进行修正，用证据推理规则对评价信息进行合成，该方法能够有效区分和反映专家评议质量并影响决策结果，同时也证实了基于证据推理规则评估决策方法的有效性。(3) 本书提出了一种基于统计数据的证据信度函数获取方法，并在此基础上构建了一种群体语言型多指标科学基金立项评估方法。该方法运用贝叶斯推理似然函数与证据推理规则中信度函数之间的关系对专家语言评价信息进行处理，利用历史实验数据中反映出的专家语言评价等级与资助结果之间的映射关系，合成结果为概率分布更利于区分项目，有效避免了现行方法中项目得分相同导致以项目得分大小为标准进行排序无法区分项目优劣的问题。(4) 本书提出了一种综合期望效用与信度分布特征的科学基金立项评估方法，为科学基金立项评估决策提供了新的依据。本书利用项目的期望效用值进行排序，对于得分相近且难以判断是否资助的项目，分析其信度分布特征，较现有方法能够更深入全面地体现评审意见包含的信息，从而有利于选择具备资助价值的项目。(5) 本书提出了基于证据推理规则科学基金立项评估优化模型，利用非线性优化模型来获取基于证据推理规则合成时的指标权重及评价等级效用等关键参数。系统解决科学基金立项评估与决策过程中的指标重要性不同、专家评估信息可靠性不同以及评价等级的效用值难以确定等问题，从而提高评估信息决策支持的有效性。

本书参考了大量国内外相关的研究成果，在此对所涉及的专家学者表示衷心的感谢，同时感谢合肥工业大学朱卫东教授、英国曼彻斯特大学 Yang

Jianbo 教授和 Xu Dongling 教授等对相关研究的倾心指导。笔者的有关研究得到了国家自然科学基金青年项目（项目编号：71904168）和教育部人文社会科学基金青年项目（项目编号：19YJC630101）的资助，在此一并表示感谢。

由于笔者研究水平有限，本书的研究仍存在一定的局限性，有待今后进一步加以研究和完善，书中难免有疏漏和不足之处，还望广大读者批评指正。

刘　芳

2022 年 11 月

目　　录

第1章

绪　　论

本章介绍本书的研究背景与研究目标、研究思路与研究方法以及章节安排与主要贡献。

1.1　研究背景与研究目标

1.1.1　研究背景与意义

随着科技的飞速发展，人们面临的决策环境日益复杂，实际决策或评估问题中的不确定性日益增强。证据理论具有完备的数学基础，其证据信度函数的概念可以很好地表示信息中的"不确定"和"不知道"，且 Dempster 合成法则能够将来自不同信息源的独立证据合成，反映多个证据的联合作用。因此，证据理论已被广泛应用于许多复杂问题的决策中。

然而，经典证据理论对证据的处理条件不能完全符合实际决策问题的情境，在处理证据时未反映决策者给出决策信息的重要性和可靠性信息，而这部分信息对证据合成有重要作用，这影响了决策意见合成的质量。事实上，在多指标群体专家决策条件下，由于评价指标的不同和专家知识背景、经验等的差异，这种问题就显得尤为突出。如何衡量专家给出评估信息的重要性特别是可靠性，并对原有评估信息进行修正，以更加有效地利用评估信息，是利用专家的知识和经验解决复杂决策时要解决的重要科学问题。

此外，由于决策问题的复杂性和不确定性，以及专家本身所掌握知识的有限性和对问题认识的局限性，往往难以给出准确的定量判断，而是倾向于利用"优""良""中""差"等一系列评价等级的集合在评估问题的某一指标上表达自己的意见。而且，这些评价等级不一定与其他指标上的等级相同，因而有必要以专家提供的评估信息表达为证据体，并在此基础上进行多源信息合成。

通过研究证据为当前评估问题提供正确和有用信息的能力，形成决策信息的可靠性度量方法。通过建立映射系统对专家决策行为进行系统记录、归纳和评价，或者通过专家的自评估等获取可靠性参数及证据信度函数。从证据信度函数的获取、专家可靠性的度量、多属性多专家意见的合成以及合成结果的利用即决策规则的选择等方面研究证据推理规则方法，并将所构造的基于证据推理规则的决策模型应用于科学基金项目评估系统，研究多属性专家群决策评估系统的优化，对推动不确定环境下证据理论的发展、提高复杂决策问题的质量和效果具有重要的理论价值和现实意义。

本书的主要理论价值有：（1）提出证据推理规则框架下专家评估信息的可靠性衡量方法，可靠性反映证据有为当前评估问题提供正确、有用信息的能力。由于专家知识背景、经验和判断能力的差异，所提供的评价信息反映项目实际科研水平的程度可能有差异，这种差异可表达为评价信息的可靠性。衡量专家评估信息的可靠程度，对改进科学基金通讯评审专家指派的合理性具有重要的参考价值。（2）建立基于证据推理规则的评估与决策模型，系统科学地解决多指标群决策过程中的指标多样性、评估信息复杂性和不确定性、评审专家重要性和可靠性信息存在差异等问题。（3）提出基于数据挖掘和优化学习的方法构建指标重要性、评审专家重要性和可靠性等参数，对原有评估信息进行修正，集结专家群体意见，以提高科学基金立项评估与决策的有效性。

在现实意义层面，主要包括：（1）构建基于专家个人信息、历史评估准确度等的评审专家可靠性参数，以此来分析不同专家的信息质量，充分利用已有的主客观信息，拓宽了专家个人信息、历史评估准确度及现行评审专家评估信息的应用范围，为国家自然科学基金深化改革、完善评审机制提供参考。《国家自然科学基金条例》第三十条强调："基金管理机构应当定期对评审专家履行评审职责情况进行评估；根据评估结果，建立评审专家信誉档案；对有剽窃他人科学研究成果或者在科学研究中有弄虚作假等行为的评审专家，不再聘请。"本书利用数据挖掘的方法，获取评审专家评估意见的相关信息，例如历史评审绩效等，构建评审专家可靠性参数，综合利用上述主客观信息，充分利用专家个人信息、历史评估准确度及现行评审专家评估信息。（2）建立基于证据推理规则的科学基金立项评估与决策模型，将其应用于国家自然科学基金立项评估中，为科学基金立项评估决策提供一种新的模式。以国家自然科学基金项目评审意见处理为实例，以项目最终的资助结果作为评判依据，提出一种基于证据推理规则的评审意见处理方法，与现行评审意见处理方法进行比较研究，验证基于证据推理规则的科学基金立项评估决策模型的实用性和有效性，为科学基金立项评估决策提供一种新的模式。

1.1.2 研究目标

本书的主要研究目标有以下两个。

（1）构建基于证据推理规则的决策方法。主要包括：构建基于专家主观判断和基于统计数据的证据信度函数获取方法；明晰证据可靠性的概念和构建决策信息可靠性的度量方法；构建综合考虑权重和可靠性因子的基于证据推理规则的多属性群体专家意见合成方法；在信息合成的基础上，借鉴传统的基于证据理论的决策规则，对基于证据推理规则的决策方法进行研究。

（2）构建基于证据推理规则的科学基金项目立项评估方法。将基于证据推理规则的决策方法的研究成果应用于国家自然科学基金项目立项评估之中，构建相应的分析框架和评估模型，并进行实例分析，在检验模型和方法有效性与实用性的基础上，为科学基金项目立项评估决策提供改进的建议和决策支持，提高资助的科学性和合理性。

1.2 研究思路与研究方法

1.2.1 研究思路

本书将理论研究、案例研究与实证分析相结合，梳理了证据推理理论的相关知识，并从证据推理规则框架下证据信度获取与合成方法及其决策研究、科学基金立项评估与决策的体系框架研究和科学基金立项评估与决策应用研究三个方面对证据推理规则框架及其在科学基金立项评估决策中的应用进行系统深入的研究。本书的研究框架如图1-1所示。

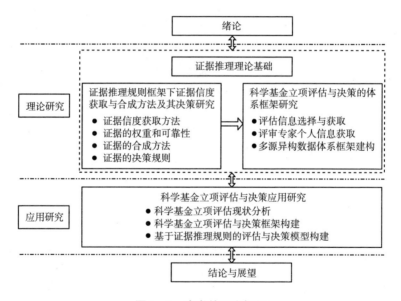

图1-1 本书的研究框架

1.2.2 研究方法

本书采用规范研究和实证研究相结合的方法，具体包括理论研究、调查研究、案例研究和实证分析等方法。理论层面上，基于证据推理理论、同行评议、贝叶斯理论和期望效用理论等，深入分析了多属性群决策问题中专家评估意见的表示及合成等问题。应用层面上，首先，运用调查研究法，深入调研国家自然科学基金现行同行评议方法实行的现状及存在的问题；其次，利用国家自然科学基金委员会信息中心采集的各个科学部申请项目的数据，大样本实证分析多位评审专家意见的合成并利用其合成结果进行决策，将决策结果与实际结果进行对比分析以检验方法的有效性；最后，以实证检验分析结果为基础，结合前期收集的评审专家个人信息与项目评审信息，采用案例研究法，选取典型项目作为案例进行分析，以探索科学基金立项评估决策中更深层次的规律。

1.3　章节安排与主要贡献

1.3.1　章节安排

本书共分为11章，具体的结构安排如下。

第1章，绪论。本章主要对本书的研究背景与研究目标、研究思路与研究方法以及章节安排与主要贡献进行了论述。

第2章，证据推理理论基础。本章阐述了证据推理规则的相关理论。首先论述了 D－S 证据理论的基本概念和合成法则，并对框架的转化进行了阐述。其次从 D－S 证据理论的悖论、针对证据源的修正方法和针对合成法则的改进方法三个方面对证据理论的相关进展进行了总结。在此基础上对证据的权重和沙弗（Shafer）折扣、证据推理方法基本可信度分配的计算以及合成法则的解析算法进行了分析。最后重点对证据推理规则的基本思想、基本可信度分配的计算和合成法则进行了分析和总结，提出实际决策环境下证据的信度函数和可靠性的确定方法等核心问题，从而为本书后续研究中基于证据推理规则的模型奠定基础。

第3章，证据信度函数的获取方法。首先对现有语言评价信息的处理方法进行了分析和比较，对获取证据信度函数的方法进行梳理和分析。其次分别就基于专家主观判断的证据信度获取方法和基于统计数据的证据信度获取方法进行了探讨，并进一步提出了相应的证据信度函数的表示方法。

第4章，证据的权重和可靠性。由于证据的来源不同，相应的证据具有不同的重要性和可靠性。本章首先对证据推理规则中的权重和可靠性概念进行分析；其次针对权重的获取方法进行梳理和归纳，详细介绍了几种确定权重方法的步骤；最后提出了基于混淆矩阵的可靠性度量方法。

第5章，证据的合成方法与决策规则。本章研究了 Dempster 合成法则及针对冲突度改进的证据合成方法，并进一步分析了在证据推理规则框架下评估信息合成的问题。针对证据决策规则，本章研究了基于证据信任结构的决策规则、将信任函数转换为类概率函数和组合规则法等。

第6章，国家自然科学基金立项评估分析。本章对国家自然科学基金委面临的挑战和深化改革要点进行分析，并对科研项目立项评估定性方法和定量方法等相关研究进行回顾，在此基础上对现有科学基金立项评估方法进行总结和分析，指出现行方法在立项评估信息的表达和专家意见的综合处理等方面存在的不足，为后面的实证分析提供理论和文献支持。

第7章，基于证据推理规则的科学基金立项评估分析。本章首先将证据推理规则引入科学基金立项评估中，针对基于证据理论的科学基金立项评估方法等方面论述了该领域的研究进展和主要问题，提出了证据推理方法的综合评价模型，并给出了基于权重和可靠性的科学基金评议信息的逻辑关系。其次从评议专家意见的表示、专家权重和可靠性及指标权重的确定、多个评议专家在多个指标上的评议意见的集结和决策规则的选择四个方面对基于证据推理规则的科学基金立项评估中的关键问题进行了分析。最后对基于统计数据证据获取的及基于专家主观判断的科学基金立项评估逻辑框架进行了分析。

第8章，基于统计数据证据获取的科学基金立项评估方法及其应用。本章首先基于对贝叶斯方法和证据推理规则的等价分析，利用似然函数和信度函数之间的关系，给出了基于统计数据的证据获取步骤，据此将评议专家的语言评价等级表示为证据体。其次总结分析权重的确定方法，提出了专家评议信息可靠性的度量方法。再其次提出了基于统计数据证据获取的科学基金立项评估模型，并给出了决策步骤。最后通过国家自然科学基金面上项目评估的应用分析说明该方法的可行性和有效性。

第 9 章，综合期望效用与信度分布特征的科学基金立项评估方法及其应用。本章首先给出了群体专家的直接语言评价等级的信度表示，利用证据推理规则将各个专家在同一指标上的意见进行集结。其次利用基于效用的不同识别框架下的信息转换方法将不同评价框架下信息转换到公共识别框架上，以便进一步合成具有不同评价等级指标上的意见。再其次根据期望效用理论将综合信度分布转化为期望效用值，并参考综合信度分布特征得到排序决策。最后通过国家科学基金立项评估实例检验该决策方法的实用性和有效性。

第 10 章，基于证据推理规则的科学基金立项评估与决策优化模型及其应用。本章首先在基于证据推理规则、考虑专家权重和可靠性的研发项目选择模型的基础上，采用基于效用的信息转换技术处理不同评价等级的定性评价指标，并将指标的自适应权重和分配给评价等级的效用引入基于证据推理规则的模型。其次提出了一个非线性优化模型用于指标权重和评价等级效用等参数的修正。最后以国家自然科学基金项目为例，说明了该方法如何应用于支持研发项目选择，并对模型的优化参数分别进行了敏感性分析，以验证优化模型的有效性。

第 11 章，结论与展望。对本书的主要研究内容进行简要总结，并对尚待进一步研究的问题做了展望。

1.3.2 主要贡献

与以往的研究相比，本书的主要研究贡献可归纳为以下五个方面。

（1）基于多源信息合成视角，研究科学基金立项评估问题，并对基于证据推理规则的科学基金立项评估过程进行了系统的分析，明晰了科学基金评议信息的逻辑关系，确定了基于证据推理规则的科学基金立项评估关键问题和逻辑框架。科学基金立项评估问题的本质是在获取与项目立项评估相关的多源信息的基础上，对其进行多专家、多层次的合成处理，更加客观地反映立项评估问题价值的过程，进而得到较为系统完整、准确和可靠的决策结论。

（2）提出一种综合评价信息可靠性的多指标证据推理规则方法。本书提出了基于混淆矩阵的可靠性度量方法，用于度量专家评价信息的质量，评议专家在给出资助意见和不资助意见时分别具有不同的可靠性，根据可靠性信息对证据源进行修正，用证据推理规则对评价信息进行合成，该方法能够有效区分和反映专家评议质量并影响决策结果。

（3）提出一种基于统计数据的直接等级语言评价信息的证据信度函数获取方法，并在此基础上构建了一种群体语言型多指标科学基金立项评估方法。该方法首先运用贝叶斯推理似然函数与证据推理规则中信度函数之间的关系对专家语言评价信息进行处理；其次得到不同指标下各专家的信度分配函数值；最后通过证据推理合成规则对其进行合成，得到多个专家在多个指标下的综合合成结果并进行决策，利用历史实验数据中反映的专家语言评价等级与资助结果之间的映射关系，合成结果为概率分布更利于区分项目。

（4）针对现行科学基金立项评估方法对通讯评审意见合成较为粗糙和不能很好地区分项目绩效等问题，提出了一种综合期望效用与信度分布特征的科学基金立项评估方法，为科学基金立项评估决策提供了新的依据。该方法利用项目的期望效用值进行排序，对于得分相近且难以判断是否资助的项目，分析其信度分布特征，较现有方法能够更深入全面地体现评审意见包含的信息，从而有利于选择具备资助价值的项目。

（5）提出基于证据推理规则科学基金立项评估优化模型。面向科学基金立项评估问题，提出基于优化学习思想，利用非线性优化模型来获取基于证据推理规则合成时的关键参数；系统解决科学基金立项评估与决策过程中的指标重要性不同、专家评估信息可靠性不同以及评价等级的效用值难以确定等问题，从而提高评估信息决策支持的有效性。

第 2 章

证据推理理论基础

证据推理理论建立在 Dempster-Shafer 证据理论和决策理论的基础上，通过引入信度函数的概念对不确定性问题进行有效表示和处理，以及基于证据推理合成公式对信息的合成，证据推理方法已成为解决不确定性问题的一种有效的工具和方法。

2.1 Dempster-Shafer 证据理论

证据理论是由美国学者 Dempster 于 1967 年提出，Shafer 于 1976 年发表《证据的数学理论》对证据理论做了进一步发展，因而也称为 Dempster-Shafer 证据理论。由于具有处理不确定性的能力，D－S 证据理论提出以来被广泛应用于信息融合（Leung et al.，2013；Telmoudi and Chakhar，2004；Zeng et al.，2008）、模式识别（Denoeux，2000；Luo et al.，2012；Lin，2008）和决策分析（Beynon，2005；Hua et al.，2008；Liu and Gong，2011）等领域。

2.1.1 D－S 证据理论的基本概念

2.1.1.1 概率的解释及其性质

概率的解释在 Shafer 的证据理论出现之前可大致分为三种，分别为客观解释、主观解释和必要性解释。

（1）客观解释（频率解释）：描述了一个可以重复出现的事件的客观事实，以同样条件下重复实验时频率的极限来刻画。它要求事件能够多次重复发生，而在实际决策问题中，自然状态的概率往往无法满足该条件。

（2）主观解释（个人主义解释或贝叶斯解释）：概率实际上反映了个人根据经验的估计，是个人主观意愿作用的结果。

（3）必要性解释（逻辑主义解释）：把概率看作命题与命题之间联系程度的度量。这种命题间的联系是纯客观的，与人的作用无关。

客观解释和必要性解释片面强调证据的作用，认为概率的得到与人的主观活动没有关系。而主观解释则把概率片面地理解为人的偏好或者主观意愿的度量，忽略了证据的作用。

Shafer 指出，以上三种解释都没有涉及概率推断的构造性特征，并给了概率一种新的解释——构造性解释。对于概率推断的理解，Shafer 不仅强调证据的客观性，也强调证据的主观性。数字化的概率并没有独立于人类判决的客观属性，在人思考之前也不会在人的头脑中存在。但是人们可以在客观证据的基础上构造出这样一个数字化的概率。在构造该概率的时候，可以分析证据。综上所述，根据构造性解释，概率是某人在证据的基础上构造的对一个命题的信任程度，简称"信度"。

2.1.1.2　识别框架与信度函数

定义 2.1　识别框架（段新生，1993）：D－S 证据理论定义一个空间 $\theta = \{\theta_1, \cdots, \theta_N\}$，是由相互独立的命题或假设组成的有限完备集。一个判决问题，设人们所能认识的可能结果用集合 θ 表示，那么人们所关心的任一命题都对应于 θ 的一个子集。θ 称为识别框架（frame of discernment），它的选取依赖于人们的知识和认识水平。若 θ 中有 N 个元素，θ 的所有可能集合用幂集 2^θ 来表示，则幂集 2^θ 的元素个数为 2^N，可表示为：

$$2^\theta = \{\phi, \theta_1, \cdots, \theta_N, \{\theta_1, \theta_2\}, \cdots, \{\theta_1, \theta_N\}, \cdots, \theta\} \tag{2.1}$$

定义 2.2　D – S 基本可信度分配（Shafer G，1976）：设 θ 为识别框架，2^θ 是 θ 的幂集。如果集函数 $m:2^\theta \to [0,1]$ 满足：

$$m(\phi) = 0 \tag{2.2}$$

$$\sum_{A \subseteq \theta} m(A) = 1 \tag{2.3}$$

其中，ϕ 为空集，则称函数 m 为 θ 上基本可信度分配（basic probability assignment，BPA）。m（A）称为 A 的基本可信数或 mass 函数，表示证据支持命题 A 发生的程度。

定义 2.3　设 θ 为识别框架，$m:2^\theta \to [0,1]$ 为框架 θ 上的基本可信度分配，则称由：

$$Bel(A) = \sum_{B \subseteq A} m(B) \tag{2.4}$$

所定义的函数 $Bel:2^\theta \to [0,1]$ 为 θ 上的信度函数（belief function）。Bel（A）反映了所有精确地分配给 A 本身及它的真子集的基本可信度。

对于 θ 的子集 A，若 m（A）>0，则称其为焦元（focal element），所有焦元的并组成的集合称为核（core）。

定义 2.4　设函数 $pl:2^\theta \to [0,1]$，即：

$$pl(A) = \sum_{B \cap A \neq \phi} m(B) \tag{2.5}$$

或：

$$pl(A) = 1 - Bel(\bar{A}) \tag{2.6}$$

这里称 pl 为似真度函数（plausibility function）。其中，$\bar{A}$ 是命题 A 的补集，即 $\bar{A} = \theta - A$。pl（A）称为 A 的似真度，表示所有可能分配给 A 本身及它的真子集的基本可信度。对于识别框架 θ 中的命题 A，Bel（A）和 pl（A）可解释为命题 A 发生可能性的下限和上限，即构成信任区间或不确定区间 [Bel（A），pl（A）]。式（2.6）表示似真函数与信度函数之间的关系。

m（A）、Bel（A）和 pl（A）是彼此唯一确定的，其中任何一个可由其他两个推导出，可以看作同一证据的不同表示。

2.1.2 D-S证据理论的合成法则

对不同证据源的证据进行合成的 D-S 组合法则是证据理论的核心，反映了证据的联合作用。给定几个同一识别框架下互相独立的且不完全冲突的证据的信度函数，那么就可以利用该合成法则得到一个信度函数，该信度函数称为这几个证据的联合信度函数或直合。

设 Bel_1、Bel_2 是同一识别框架 θ 上的两个信度函数，m_1、m_2 分别是其对应的基本可信度分配，Dempster 合成公式则被定义为：

$$m(C) = \begin{cases} 0, & C = \phi \\ \dfrac{1}{1-k} \cdot \sum_{A_i \cap B_j = C} m_1(A_i) \cdot m_2(B_j), & C \neq \phi \end{cases} \tag{2.7}$$

其中，C、A_i 和 B_j 均属于 θ 的幂集。D-S 合成法则合成证据时，若 $A_i \cap B_j = \phi$，则说明两个证据分别支持了两个不相容的命题，使两个证据之间发生了冲突。此时，信度 $m_1(A_i) \cdot m_2(B_j)$ 将被丢弃。

在整个合成过程中，由于存在证据之间冲突而丢弃的总信度为：

$$k = \sum_{A_i \cap B_j = \phi} m_1(A_i) \cdot m_2(B_j) \tag{2.8}$$

k 值越大，说明证据之间存在的冲突越大，因而可利用 k 值反映证据间的冲突。

当需要合成的证据个数 n 大于 2 的时候，可用上述公式逐一合成，也可将 n 条证据 m_1，m_2，$\cdots$，m_n 直接合成。此时，Dempster 合成公式则被定义为：

$$m(A) = \begin{cases} 0, & A = \phi \\ \dfrac{1}{1-K} \cdot \sum_{\substack{A_1, \cdots, A_n \subset \theta \\ A_1 \cap, \cdots, \cap A_n = A}} m_1(A_1), \cdots, m_n(A_n), & A \neq \phi \end{cases} \tag{2.9}$$

其中，K 是归一化因子，也称冲突因子，表示证据间的冲突程度，即：

$$K = \sum_{\substack{A_1,\cdots,A_n \subset \theta \\ A_1 \cap,\cdots,\cap A_n = \phi}} m_1(A_1),\cdots,m_n(A_n) \tag{2.10}$$

Dempster 合成法则满足一系列重要的基本数学性质。

（1）交换律：$m_1 \oplus m_2 = m_2 \oplus m_1$，其中，$\oplus$ 表示直合。

（2）结合律：$(m_1 \oplus m_2) \oplus m_3 = m_1 \oplus (m_2 \oplus m_3)$。

上述两条性质表明证据组合结果与其次序无关，因而在对多个证据进行合成时，可以通过两两组合的方式进行。

（3）聚焦性，即当几个证据相互支持时，多组证据合成之后，单点集的焦元信任度会增加，这将有利于作出更具体的决策。

2.1.3　框架的转化

对于某一个决策（评价）问题，任何一个决策者或专家所能想到的各种有用的观念、判断是非常多的，而某一特定的框架只能包含其中很少的一部分，所以用单个识别框架来处理问题往往是不够的。在这种情况下，为了处理某种特殊的证据，我们就有必要求助于不同的观念，侧重于不同的特性并相应地更改所使用的识别框架。粗化与细化就是为适应这个要求采用的两种转换方法。需要注意的是，框架的转化不是随意的。尽管转化前后两者要强调不同的特性、不同的侧面，而且在其关注的方向上可以具有不同程度的判决，但是两者决不能使用相互矛盾的、互不相容的概念。细分与粗化就是两种相容的变换，而收缩与扩张就不是相容变换。

2.1.3.1　粗化与细化

定义 2.5　框架的划分（段新生，1993）：设 θ 为识别框架，我们假定 $\wp$ 是 θ 的一个划分，是由 θ 的一些子集所构成的集合，即：

（1）$\forall P \in \wp$，$P \neq \phi$；

（2）$\forall P_1$，$P_2 \in \wp$，$P_1 \cap P_2 = \phi$；

（3）$\cup_{P \in \wp} P = \theta$。

定义 2.6 细化与粗化（段新生，1993）：如果 $\wp_1$ 和都是 $\wp_2$ 都是 θ 的划分，而且 $\forall P_1 \in \wp_1$ 都存在 $P_2 \in \wp_2$ 使 $P_1 \subseteq P_2$，那么我们就称 $\wp_1$ 是 $\wp_2$ 的加细（细分），$\wp_2$ 是 $\wp_1$ 的粗化。我们也称 $\wp_1$ 比 $\wp_2$ 细，$\wp_2$ 比 $\wp_1$ 粗，可记为 $\wp_1 \leq \wp_2$。$\wp_1 \leq \wp_2$ 意味着 $\wp_2$ 的每一个元素都是 $\wp_1$ 的一些元素的并。

对于 θ 的任意划分两个划分 $\wp_1$，$\wp_2$，可以定义另一个划分记为 $\wp_1 \wedge \wp_2$：

$$\wp_1 \wedge \wp_2 = \{P_1 \cap P_2 \mid P_1 \in \wp_1 P_2 \in \wp_2 且 P_1 \cap P_2 \neq \phi\}$$

则可以证明以下定理。

定理 2.1 （段新生，1993）$\wp_1 \wedge \wp_2$ 仍是 θ 的一个划分，而且：

（1）$\wp_1 \wedge \wp_2 \leq \wp_1$；

（2）$\wp_1 \wedge \wp_2 \leq \wp_2$；

（3）若有另一个划分 $\wp_3$，满足 $\wp_3 \leq \wp_1$ 和 $\wp_3 \leq \wp_2$，则 $\wp_3 \leq \wp_1 \wedge \wp_2$。

由定理 2.1 可知，我们所定义的划分 $\wp_1 \wedge \wp_2$ 既是 $\wp_1$ 的加细，又是 $\wp_2$ 的加细。而且在同时都是 $\wp_1$ 和 $\wp_2$ 的加细的划分中，$\wp_1 \wedge \wp_2$ 又是最粗的，因而我们称 $\wp_1 \wedge \wp_2$ 是 $\wp_1$ 和 $\wp_2$ 的最粗公共加细。

在 θ 的所有划分中，最粗的划分是 $\{\theta\}$，即只包含一个元素即 θ 本身的一个集合；最细的划分是 $\{\{\theta\} \mid \theta \in \theta\}$，即 θ 的所有单点子集的集合。

2.1.3.2 收缩与扩张

针对框架的细分，Shafer 理论和贝叶斯理论对于是否存在一个极限化的精细框架（ultimate refinement）有着完全不同的看法。贝叶斯理论假定这样一个极限框架存在，即存在一个不能再细分的框架，而 Shafer 认为，必须要舍弃这个假设，即在 Shafer 理论中，任何一个被细分的框架都可以继续进行细分。所以在该理论中，有两个框架相容以及框架族相容的概念。

定义 2.7 相容框架（段新生，1993）：设有两个框架 θ_1 和 θ_2，当这两个框架具有一个公共的精细框架时，我们称这两个框架相容。

特殊情况下，当两个框架中的一个是另一个的精细时，则这两个框架必相容。

定义 2.8　收缩与扩张（段新生，1993）：如果在一个框架 θ 上加上一个新假设，则 θ 的元素必定要减少，设 $θ_1$ 是由 θ 加上一个新假设而得到的识别框架，则 $θ_1$ 作为可能事件或结果的一个集合将是可能结果 θ 的一个子集。此时，我们称 $θ_1$ 是 θ 的一个收缩，θ 是 $θ_1$ 的一个扩张。

2.2　D－S 证据理论的改进方法

D－S 证据理论作为一种对不确定性进行表示和推理的方法，具有严谨的数学基础（Haenni R，2002；Haenni R and Lehmann N，2003），其信度表达方式和合成规则在一定程度上推广了贝叶斯推理，克服了用概率描述不确定性的一些不足，在实际问题中得到了广泛的应用。但 D－S 证据理论本身也存在一些缺陷，导致在某些情况下 D－S 证据理论合成结果不合理，D－S 合成方法失效。

2.2.1　D－S 证据理论的悖论

（1）Zadeh 悖论。利用 D－S 证据理论合成法则合成具有较大冲突或完全冲突的证据时，会产生反直观结果问题，这就是著名的"Zadeh 悖论"Zadeh（1984）。可用一个例子说明 D－S 证据理论合成法则可能出现不合理结果的情况（Zadeh L，1982）。

若两个医生对一个病人的病情进行诊断，识别框架是 $θ = \{θ_1, θ_2, θ_3\}$ = ｛脑震荡，脑瘤，脑膜炎｝，医生 A 和医生 B 给出的信度分配如下：

$$m_A(θ_1) = 0.99 \qquad m_A(θ_2) = 0.01 \qquad m_A(θ_3) = 0.00$$

$$m_B(θ_1) = 0.00 \qquad m_B(θ_2) = 0.01 \qquad m_B(θ_3) = 0.99$$

这种情况下，D－S 合成结果为：$m(θ_2) = 1$。这一合成结果明显不符合常理认知。自 Zadeh 发现证据理论在高冲突证据组合时的反直观结果问题以来，针对这一问题先后有许多学者做了研究，关于冲突证据的合成问题一直是 D–S 证据理论研究中的热点之一。

（2）一票否决悖论。对于证据而言，若 n 个证据中，存在任意两条证据的基本可信度分配是完全冲突的，则即使其他证据的一致程度再高，也无法使用 D–S 证据合成规则获得非零的合成结果。同样地，对于识别框架中的某一命题而言，若 n 个证据中存在一条证据对识别框架中的某一命题基本可信度分配为 0，则无论其他证据对该命题的支持程度有多高，通过 D–S 合成的结果中该命题的基本可信度分配都为 0。上述现象称为一票否决现象。

这一现象说明，若存在一个异常证据或噪声证据，可能会导致 D–S 合成规则无效。在所有证据源的可靠性无法完全保证的情况下，D–S 合成规则可能会出现判断失真的情况。因此，研究者开始质疑 D–S 合成规则假设证据源完全可靠的前提，众多学者关注了针对证据源的修正方法。

2.2.2　针对证据源的修正方法

（1）Murphy 修正方法。Murphy 提出的证据合成规则中提到的证据源修正方法，先将 n 组证据的基本可信度分配进行算术平均，再应用 D–S 合成规则合成修正后的证据。举例来说，假设识别框架包含三个元素 $\theta = \{\theta_1, \theta_2, \theta_3\}$，待合成的两条证据为：

$$m_1(\theta_1) = m_1(\theta_2, \theta_3) = 0.5$$
$$m_2(\theta_1, \theta_2) = m_2(\theta_3) = 0.5$$

根据 Murphy 的方法，先计算两组证据基本可信度分配的算术平均值：

$$\bar{m}(\theta_1) = \bar{m}(\theta_3) = \bar{m}(\theta_1, \theta_2) = \bar{m}(\theta_2, \theta_3) = 0.25$$

再利用 D–S 合成规则对上述基本可信度分配，可得：

$$m(\theta_1) = m(\theta_3) = 0.3$$
$$m(\theta_2) = 0.2$$
$$m(\theta_1, \theta_2) = m(\theta_2, \theta_3) = 0.1$$

可见，Murphy 的方法可以较快地将存在局部无知情况下的信度收敛至识别框架的具体元素。类似地，利用 Murphy 的修正方法合成冲突证据，也能够以较快的速度实现信度收敛（周光中，2009）。但 Murphy 对证据源的修正采用将多组证据进行简单算术平均的做法，缺乏理论依据和数理支持，并且没有考虑证据之间的相对重要性或可靠性的差异。国内学者邓勇等将证据之间的 Jousselme 距离作为证据相对重要性的度量，并据此为不同证据赋权（邓勇等，2004）。之后，利用加权平均方法改进 Murphy 采用算数平均的做法。类似做法被广泛用于"修正证据源"的相关研究中（郭建、尹洁林，2016；史超等，2012；刘志成等，2014）。

（2）证据源的系数修正方法。对证据源修正的常用方法是：采用修正系数（设为 α）对证据的基本可信度分配进行预处理，使 $1-\alpha$ 部分的基本可信数被赋予了未知领域。具体有以下内容。

设识别框架 θ 下的两组证据 e_1 和 e_2，其相应的基本可信度分配为 m_1 和 m_2，焦元分别为 A_i 和 B_j，对应的修正系数分别为 $\{\alpha_1, \alpha_2, \cdots, \alpha_n\}$ 和 $\{\beta_1, \beta_2, \cdots, \beta_n\}$，修正系数 $\alpha_i \in [0,1]$ 和 $\beta_j \in [0,1]$。

则修正后的证据基本可信度分配为：

$$m_1'(A_i) = \begin{cases} \alpha_i\, m_1(A_i) & A_i \neq \theta \\ 1 - \sum_{A_i \subset \theta} m_1'(A_i) & A_i = \theta \end{cases} \quad A_i \subseteq \theta, i = 1,2,\cdots,n \tag{2.11}$$

$$m_1'(B_i) = \begin{cases} \beta_j\, m_2(B_j) & B_j \neq \theta \\ 1 - \sum_{B_j \subset \theta} m_2'(B_j) & B_j = \theta \end{cases} \quad B_j \subseteq \theta, j = 1,2,\cdots,n \tag{2.12}$$

学者们采用多种方法确定修正系数，例如基于未知扰动对证据的基本可信度分配进行预处理，并从扩展的 Bayesian 理论视角分析了主观评价中信度折扣的原理，提出了新的证据源修正方法以处理冲突证据合成问题（林作铨等，2004）；通过构建基于神经网络的学习方法，通过对学习样本寻优获得修正系数，从机器学习角度提出了证据源修正的解决思路（杨善林等，2004）；陆文星等提出了一种基于证据距离的客观权重确定方法，根据专家提供的证据间的举例来确定修正系数，从而重新调整专家证据的基本概率分配（陆文星等，2008）。

解决 D‒S 合成规则的冲突证据合成悖论问题，一直是研究如何确定修正系数的重要内容。周光中提出，先将冲突程度较低的证据结成虚拟联盟，对联盟内的证据合成使用传统的 D‒S 合成规则，获得虚拟联盟的合成信度；之后根据联盟之间的 Jousselme 距离确定虚拟联盟合成信度的权重，并将其作为"修正系数"修正虚拟联盟合成信度（周光中，2009）。在此基础上，完成虚拟联盟之间的证据合成。这种方法可以结合 D‒S 合成规则和证据源修正方法的优点，改进了合成结果的合理性。

除了上述处理冲突证据的方法，众多学者还对合成规则中的冲突信度分配问题进行了深入的研究。

2.2.3　针对合成法则的改进方法

在研究推理判断结果的正确性方面，对 D‒S 证据理论讨论最为广泛的问题是冲突证据合成问题。在合成冲突证据的研究中，许多学者从不同方面提出了对于"冲突信度与识别框架关系"的新认识，其中，具有代表性的有 Smets 合成规则、Yager 合成规则、Dubois 合成规则以及 Lefevre 提出的统一证据合成框架等。

（1）Smets 合成规则。Smets 在提出可转化置信函数模型（transferable belief model，TBM）时认为，D‒S 合成规则沿用了概率测度定义中的封闭世界（close world）假设，即在 mass 函数的定义中要求空集的信度为 0，即 $m(\phi) = 0$。而 Smets 等学者则从开放世界（open world）角度看待 D‒S 合成规则，允许对空集分配非零信度［即 $m_{1,2}(\phi) > 0$］，并从 TBM 出发讨论了 $m_{1,2}(\phi) > 0$ 的本质含义（Smets，1990、1993、2005）。

具体来说，Smets 合成规则为：

$$m_{1,2}(\phi) = \sum_{\substack{X,Y \subset \theta \\ X \cap Y = \phi}} m_1(X) \cdot m_2(Y) \tag{2.13}$$

$$m_{1,2}(A) = \sum_{\substack{X,Y \subset \theta \\ X \cap Y = A}} m_1(X) \cdot m_2(Y) \qquad (2.14)$$

由式（2.13）可知，证据合成后所有的冲突都被分配给空集。Smets 认为，冲突证据存在时，表明可能存在未知的可能或根本不存在的事件。而导致 D - S 合成规则融合冲突证据结果不合理的原因是：在未知环境中不可能得到一个完备的识别框架，因而需要将冲突的基本可信度分配给空集。

由于采用了开放世界假设，Smets 合成规则取消了基于封闭世界假设的 Dempster 合成规则中的标准化过程，即不包括原先 Dempster 合成规则中通过除以 1 - K 进行标准化的过程，允许将 K 赋值给空集。

事实上，Smets 合成规则也受到一定的质疑：一方面，Smets 合成规则在合成冲突证据的过程中可能损失大量有用的信息。若冲突程度很大，则合成后大量的信度都会分配给 $m_{1,2}(\phi)$，决策者关注的识别框架中的决策假设（即元素）只能获得较少的信度支持，这使决策缺乏足够的信息支持。另一方面，学者们对 Smets 合成方法所持的开放世界假设是否可以完全替代封闭世界假设表示怀疑，其中以 Yager 等提出的观点为代表。

（2）Yager 合成规则。Yager 与 Smets 的观点不同，他支持 D - S 证据理论的封闭世界假设，认为识别框架涵盖了全部识别对象（Yager, 1987）。此时，冲突证据产生的原因主要是源于人类主观判断存在的无知，即冲突信度建立在不完全了解识别对象的基础上。Yager 认为，由于不了解冲突的具体情况，应当将冲突分配给整个识别框架，即分配在所有元素中：

$$m_{1,2}(\theta) = \sum_{\substack{X,Y \subset \theta \\ X \cap Y = \phi}} m_1(X) \cdot m_2(Y) \qquad (2.15)$$

$$m_{1,2}(A) = \sum_{\substack{X,Y \subset \theta \\ X \cap Y = A}} m_1(X) \cdot m_2(Y) \qquad (2.16)$$

Yager 合成规则将冲突信度作为全局无知（global ignorance）分配给识别框架，因而同样取消了原先 Dempster 合成规则中的标准化过程。

Yager 合成规则仍具备明显的缺陷，第一，由于将冲突赋值给全集，合成后常常出现决策问题的不确定程度不降反增的情况；第二，在证据数量超过两个时，合成结果往往不理想，方法的鲁棒性较差。因此，针对 Yager 合成规则的改进研究也广受学者们的关注。例如，Horiuchi 提出将冲突信息重新分配给基本可信度最大的焦元（Horiuchi，1998）；孙全等（2010）引入了证据可信度的概念，将冲突证据的信度根据其可信度一分为二，一部分加权融合；另一部分分配给未知领域。而 Dubois 和 Prade 提出的合成规则在改进Yager 合成规则方面更具有代表性。

（3）D-P 合成规则。除了 Yager 合成规则将冲突信度作为全局无知分配给识别框架的做法，还有一种思路，即将冲突信度作为局部未知（local ignorance）分配给相关焦元的子集或是重新分配给焦元。Dubois 和 Prade 提出的合成规则采用后一种方法（Dubois and Prade，1988）。

$$m_{1,2}(A) = \begin{cases} 0, & A = \phi \\ \sum\limits_{\substack{X,Y \subset \theta \\ X \cap Y = A}} m_1(X) \cdot m_2(Y) + \sum\limits_{\substack{X,Y \subset \theta \\ X \cap Y = \phi \\ X \cup Y = A}} m_1(X) \cdot m_2(Y), & A \neq \phi \end{cases} \quad (2.17)$$

与 Yager 合成规则相比，D-P 合成规则将冲突的概率分配给冲突焦元的并集，当焦元一致时采用合取算子，当焦元冲突时采用析取算子。但这一方法仍存在问题：第一，显然在"合成非冲突程度的证据"与"合成冲突程度的证据"时，合成规则不一致；第二，利用析取算子合成高冲突程度的证据时，合成规则不再符合"概率推理过程"的要求；第三，合成冲突程度的证据时，D-P 合成规则没有给出析取获得的冲突焦元内部信度如何分配的方法——若证据高度冲突或完全冲突，合成后大部分信度被赋予了无知情况，使合成结果失去了决策支持的意义。

（4）Lefevre 合成规则。Lefevre 合成规则可以视为将冲突信度作为全局无知（global ignorance）分配给识别框架或作为局部未知（local ignorance）重新分配给焦元两类做法的共性模式（Lefevre et al.，2002）。实质上，Lefevre 合成规则提供了一种解决冲突信度重新分配问题的一般方法。问题的解决过程分为两步：

首先，确定冲突信度应当分配的目标焦元的集合；

其次，明确冲突信度按何种比例分配给这些焦元。

$$m_{1,2}(A) = \sum_{\substack{X,Y \subset \theta \\ X \cap Y = A}} m_1(X)\, m_2(Y) + m^c(A) = m_\cap(A) + m^c(A),\ \forall A \subseteq \theta$$

$$(2.18)$$

其中，$m^c(A)$ 表示冲突信度中分配给 A 的基本可信度，具体来说：

$$\begin{cases} m^c(A) = w(A,m) \cdot m(\phi) & \forall A \subseteq P \\ m^c(A) = 0 & 其他 \end{cases} \qquad (2.19)$$

其中，$\sum\limits_{A \subseteq \theta} w(A,m) = 1$，P 是冲突信度应当分配的目标焦元的集合，而 $w(A,m)$ 是分配给焦元 A 的比例。Lefevre 合成规则强调，冲突信度重新分配的过程中，集合 P 和权重 $w(A,m)$ 是研究的关键议题。Lefevre 合成规则可以涵盖众多"针对合成规则的改进方法"，包括 Smets 合成规则、Yager 合成规则、Dubois 和 Prade 合成规则，以及国内众多研究者提出的解决冲突合成的方法（孙全等，2000；李弼程和钱曾波，2002；周光中，2009；李文立和郭凯红，2010）。

2.3　证据推理理论

证据推理（evidential reasoning，ER）方法是基于 D – S 证据理论和决策理论的一种不确定推理方法。证据推理理论的研究主要包含用信度函数和信度决策矩阵来描述多属性问题，用来合成信息的证据推理方法，基于规则和效用的信息转换方法以及最新的证据推理规则。由于证据推理理论在区分不确定与无知以及精确反映证据收集过程等方面显示了很大的灵活性，在合成时考虑了每一个证据的重要性和可靠性，在处理主观判断问题以及不确定信息的合成方面具有优势，目前已在决策分析等领域得到很好的应用（Yang and Xu, 2013；Yang and Xu, 2014；Chen et al., 2015；Rosales et al., 2015）。本节将按照证据推理规则的发展过程阐述证据推理方法和证据推理规则的内涵、性质和特征，说明本书采用证据推理规则作为主要研究方法的原因。

2.3.1 证据推理方法

证据推理方法是由英国曼彻斯特大学的杨剑波于 1994 年提出来的，并在以后的研究中对其进行了完善和发展（Yang and Singh, 1994；Yang and Xu, 1994；Kong et al., 2015；Liu et al., 2015；Wang et al., 2006；Yang, 2001；Zhou et al., 2013）。证据推理方法对一个评价问题设定若干评价等级，并对定性指标的语言评价等级赋予信度，在考虑每一条证据（指标）相对重要性程度对证据进行折扣的基础上，通过合成规则得到在总识别框架上各个语言评价等级的总信度。

2.3.1.1 证据的权重与 Shafer 折扣

（1）证据的权重。证据折扣随着证据理论的产生一并被提出。Shafer 在讨论简单支持函数（simple support function）时最初提出这种想法，以在信任分配的时候表示证据的不确定性，从而减弱可靠性低的信息源提供的证据信度（Shafer, 1976）。例如，对于专家 A 来说，如果有证据表明 A 喝醉了，则将对 A 的信度分配进行折扣，将折扣的部分作为未知追加给识别框架。

定义 2.9 简单支持函数：证据精确地支持一个 θ 的非空子集 A，我们可以说证据的作用局限于对 A 提供一个确定的支持度，用 $S(A)$ 表示，且 $0 \leq S(A) \leq 1$。设 S 是对 A 的支持度，则 $m(A) = S(A), m(\theta) = 1 - S(A)$，对于其他的 $B \subset \theta$，若 $A \cap B = \phi$，则 $m(B) = 0$。

证据的权重已经被转换到简单支持函数中。设 w 为证据的权重，$p(\theta)$ 为证据支持 θ 的非空单元素子集 θ 的信度，我们可以得到支持函数 $S(A)$，权重 w 和信度 $p(\theta)$ 满足以下关系：

$$m(\theta) = S(\theta) = wp(\theta)，其中，0 \le w \le 1, 0 \le p(\theta) \le 1 \text{ 且 } \sum_{\theta \subseteq \theta} p(\theta) = 1$$

式（2.19）意为支持度与证据的权重和信度成比例。Shafer 的简单支持函数中 $p(\theta)$ 假设为 1，从上式可得 $m(\theta) = w$。

（2）Shafer 折扣。

定义 2.10　Shafer 折扣（Shafer，1976）：设 $p(\theta)$ 为某一证据支持命题 θ 的信度，α 是用来对 $p(\theta)$ 进行折扣的因子，其中，$0 \le \alpha \le 1$。α 可以被解释为证据的可靠性或权重，取决于使用 α 的情境。用来产生 BPA 的 Shafer 折扣方法如下：

$$m(\theta) = \begin{cases} \alpha p(\theta) & \theta \subset \theta, \theta \ne \phi \\ \alpha p(\theta) + (1 - \alpha) & \theta = \theta \\ 0 & \theta = \phi \end{cases} \qquad (2.20)$$

从式（2.20）可以得出，即使证据精确地支持某个命题 θ，或者 $p(\theta) = 1$，但只要 $1 - \alpha > 0$，全局无知就会被引入信度分配中，因而 Shafer 折扣方法改变了原始证据的特性。换句话说，尽管 $p(\theta) = 1$，若 $\alpha < 1$，则 $m(\theta) \ge 1 - \alpha > 0$。

2.3.1.2　证据推理算法

为了在合成过程中体现证据源具有不同重要性的问题，Yang 提出了证据推理算法（ER algorithm），并给出了证据推理的递归算法，该算法清晰地揭示了证据推理方法的过程（Yang and Xu，2002）。在此基础上，Wang 等给出了证据推理的解析算法，相较于证据推理的递归算法，Wang 等提出证据推理的解析算法大大简化了模型及运算的复杂程度，能有效提高证据合成的效率（Wang et al.，2006）。具体算法如下所示。

设对某一评估问题（方案），有 L 个独立的证据（指标）$e_1, \cdots, e_i, \cdots, e_L$，它们的权重为 $w = \{w_1, w_2, \cdots, w_L\}$，且满足：

$$\sum_{i=1}^{L} w_i = 1, 0 \le w_i \le 1, i = 1, \cdots, L \qquad (2.21)$$

设识别框架为 $H = \{H_1, \cdots, H_n, \cdots, H_N\}$，其中，$H_n$ 是第 n 个评价等级。为不失一般性，我们假设 H_{n+1} 优于 H_n。令 $\beta_{n,i}$ 代表一个信度，表示证据 e_i 提供的信息以 $\beta_{n,i}$ 的置信度支持方案被评为等级 H_n，满足：

$$\sum_{n=1}^{N} \beta_{n,i} \leqslant 1, \beta_{n,i} \geqslant 0, i = 1, \cdots, L; n = 1, \cdots, N \qquad (2.22)$$

则证据 e_i 对方案的评估可用以下置信度向量表示：

$$S(e_i) = \{(H_n, \beta_{n,i}), n = 1, \cdots, N\}, i = 1, \cdots, L \qquad (2.23)$$

当 $\sum_{n=1}^{N} \beta_{n,i} = 1$ 时，我们称评估信息 $S(e_i)$ 是完全的；当 $\sum_{n=1}^{N} \beta_{n,i} < 1$ 时，我们称评估信息 $S(e_i)$ 是不完全的。特别地，当 $\sum_{n=1}^{N} \beta_{n,i} = 0$ 或者说对于所有的 $n = 1, \cdots, N, \beta_{n,i} = 0$ 时，则表示证据 e_i 对方案提供的评估信息完全缺失。

（1）计算基本可信度分配。设 $m_{n,i}$ 为证据 e_i 在语言评价等级 H_n 上的基本可信度分配，$m_{H,i}$ 表示不确定的基本可信度分配，则 $m_{n,i}$ 和 $m_{H,i}$ 可利用以下公式计算：

$$m_{n,i} = w_i \beta_{n,i} \quad n = 1, \cdots, N \qquad (2.24)$$

$$m_{H,i} = 1 - \sum_{n=1}^{N} m_{n,i} = 1 - w_i \sum_{n=1}^{N} \beta_{n,i} \qquad (2.25)$$

将 $m_{H,i}$ 分解为两个部分：$\bar{m}_{H,i}$ 和 $\tilde{m}_{H,i}$，并满足 $m_{H,i} = \bar{m}_{H,i} + \tilde{m}_{H,i}$，其中：

$$\bar{m}_{H,i} = 1 - w_i \qquad (2.26)$$

$$\tilde{m}_{H,i} = w_i \left(1 - \sum_{n=1}^{N} \beta_{n,i}\right) \qquad (2.27)$$

（2）证据推理的解析算法：

$$m_n = k \left[\prod_{i=1}^{L} (m_{n,i} + \bar{m}_{H,i} + \tilde{m}_{H,i}) - \prod_{i=1}^{L} (\bar{m}_{H,i} + \tilde{m}_{H,i}) \right] \qquad (2.28)$$

$$\tilde{m}_H = k \left[\prod_{i=1}^{L} (\bar{m}_{H,i} + \tilde{m}_{H,i}) - \prod_{i=1}^{L} \bar{m}_{H,i} \right] \qquad (2.29)$$

$$\bar{m}_H = k \left[\prod_{i=1}^{L} \bar{m}_{H,i} \right] \tag{2.30}$$

$$k = \left[\sum_{n=1}^{N} \prod_{i=1}^{L} (m_{n,i} + \bar{m}_{H,i} + \tilde{m}_{H,i}) - (N-1) \prod_{i=1}^{L} (\bar{m}_{H,i} + \tilde{m}_{H,i}) \right]^{-1} \tag{2.31}$$

通过以上公式我们将 L 个证据进行合成，并得到了综合后的概率质量函数 $m_n(n=1,\cdots,N)$，$\tilde{m}_H$ 和 $\bar{m}_H$，需要进行标准化来计算 L 个证据合成后总的信度，即：

$$\beta_n = \frac{m_n}{1 - \bar{m}_H}, n = 1, \cdots, N \tag{2.32}$$

$$\beta_H = \frac{\tilde{m}_H}{1 - \bar{m}_H} \tag{2.33}$$

综合后的评估仍可以用置信度向量表示：$\{(H_n, \beta_n), n=1,\cdots,N\}$，这给出了方案被评为 H_n 的置信度下限，而 $\{\beta_n + \beta_H, n=1,\cdots,N\}$ 则是上限。若评估信息中不存在不完全信息，则 $\beta_H = 0$。

2.3.2　证据推理规则的合成法则

2.3.2.1　证据推理规则的基本信度分配

定义 2.11　证据推理规则的基本信度分配（Yang and Xu，2013）：设证据 e_i 的权重和可靠性分别是 $w_i(0 \leq w_i \leq 1)$ 和 $r_i(0 \leq r_i \leq 1, r_i = 0$ 代表证据完全不可靠，$r_i = 1$ 代表证据完全可靠），$P_{\theta,i}$ 为证据支持识别框架 θ 中命题 θ 的信度。则证据推理规则中证据 e_i 的基本信度分配为：

$$\tilde{m}_{\theta,i} = \begin{cases} 0 & \theta = \phi \\ c_{rw,i} m_{\theta,i} & \theta \subseteq \theta, \theta \neq \phi \\ c_{rw,i}(1 - r_i) & \theta = P(\theta) \end{cases} \tag{2.34}$$

$$c_{rw,i} = 1/(1 + w_i - r_i) \tag{2.35}$$

其中，$\tilde{m}_{\theta,i}$表示同时考虑证据e_i的权重和可靠性时，证据e_i对命题θ的支持程度。$c_{rw,i}$是标准化因子，在给定$m_{\theta,i} = w_i p_{\theta,i}$且$\sum_{\theta \subseteq \theta} p_{\theta,i} = 1$下，使$\sum_{\theta \subseteq \theta} \tilde{m}_{\theta,i} + \tilde{m}_{P(\theta),i} = 1$。$P(\theta)$是$\theta$的幂集，$\theta \cap P(\theta) = \theta$，$\tilde{m}_{P(\theta),i}$表示由于证据$e_i$的权重和可靠性产生的未分配信度。特别地，当$r_i = 1$时，$\tilde{m}_{P(\theta),i} = 0$。$1 - r_i$表示证据$e_i$的不可靠性，其值设定了其他证据在与证据$e_i$合成时仅能起有限的作用。

令$\tilde{w}_i = c_{rw,i} w_i = w_i / (1 + w_i - r_i)$，在定义 2.11 中，$c_{rw,i} m_{\theta,i}$就等价于$\tilde{w}_i P_{\theta,i}$，而$c_{rw,i}(1 - r_i)$等于$1 - \tilde{w}_i$。因此，式（2.34）可以等价地表示为：

$$\tilde{m}_{\theta,i} = \begin{cases} 0 & \theta = \phi \\ \tilde{w}_i P_{\theta,i} & \theta \subseteq \theta, \theta \neq \phi \\ 1 - \tilde{w}_i & \theta = P(\theta) \end{cases} \tag{2.36}$$

在证据推理规则下，证据可表示为：

$$m_i = \{ (\theta, \tilde{m}_{\theta,i}), \forall \theta \subseteq \theta; (P(\theta), \tilde{m}_{P(\theta),i}) \} \tag{2.37}$$

2.3.2.2 证据推理规则的合成公式

证据推理规则的证据递归合成公式为：

$$\widehat{m}_{\theta,e(i)} = \left[(1 - r_i) m_{\theta,e(i-1)} + m_{P(\theta),e(i-1)} m_{\theta,i} \right] + \sum_{B \cap C = \theta} m_{B,e(i-1)} m_{C,i} \tag{2.38}$$

$$\widehat{m}_{P(\theta),e(i)} = (1 - r_i) m_{P(\theta),e(i-1)} \tag{2.39}$$

$$m_{\theta,e_i} = \begin{cases} 0 & \theta = \phi \\ \dfrac{\widehat{m}_{\theta,e(i)}}{\sum_{D \subseteq \theta} \widehat{m}_{D,e(i)} + \widehat{m}_{P(\theta),e(i)}} & \theta \neq \phi \end{cases} \tag{2.40}$$

$$P_\theta = P_{\theta,e(L)} = \begin{cases} 0 & \theta = \phi \\ \dfrac{\widehat{m}_{\theta,e(L)}}{\sum_{B \subseteq \theta} \widehat{m}_{B,e(L)}} & \theta \neq \phi \end{cases} \tag{2.41}$$

式（2.41）为证据推理规则的递归合成公式，它具备交换律和结合律的性质，且可对多个证据用任何顺序进行合成而不改变合成结果。与 D－S 合成公式相比，证据推理规则具有以下特点：（1）该方法考虑了证据的权重；（2）考虑了证据的可靠性；（3）合成冲突证据时将冲突信度分配给幂集，从而产生更为合理的结果。

2.3.3　证据推理规则合成法则的性质

Yang 和 Xu 指出，证据推理规则是贝叶斯推理的扩展，并证明了当每个证据都完全可靠时，D－S 证据理论是证据推理规则的特例（Yang and Xu，2013）。而当可靠性等于其归一化的权重时，证据推理方法也是证据推理规则的特例。

合成规则满足一系列有价值的基本数学性质，包括：交换性和结合性。

ER 规则的基本信度分配与 ER 算法和 DS 证据理论的关系为：

（1）当 $r_i = 1$ 时，$\tilde{w} = c_{rw,i} \cdot w_i = 1$。此时若将幂集 2^θ 看作新的识别框架，则 ER 规则与 DS 证据理论相同。

（2）当 $w_i = r_i$ 时，$c_{rw,i} = 1$，$\tilde{w} = c_{rw,i} \cdot w_i = w_i$。此时若将幂集 2^θ 看作新的识别框架，证据推理规则与证据推理算法相同。

2.3.4　证据推理规则的基本理念分析

D－S 合成法则的一个前提是假设每条证据都是完全可靠的，并能否决任何命题。这意味着，如果一条证据不支持某一命题，这一命题将被彻底排除。D－S 合成法则仅积累共识的支持，如果有任一证据反对某一命题，合成法则会完全拒绝该命题，无论其他证据如何支持该命题。虽然在特殊情况这可能是可以接受的，但在一般情况下，多条证据具有互相补充的性质，支持或反对命题时每条证据具有不同的可靠性并发挥有限的作用。

证据推理规则是建立在 D－S 证据理论和多属性决策框架上的多源信息融合方法，经历了从证据推理方法（ER approach）到证据推理规则（ER rule）的发展过程，逐步从在"证据相对重要性的权重折扣"单一维度上对证据源进行修正转变到增加了"考量证据客观可靠程度"的可靠性维度，并将未分配的信度分解为由折扣引起和由信息源提供的不完全信息引起的两个部分，再分别进行处理，从而很好地融合了具有不同权重和可靠性下的多条证据。

在证据推理规则下，证据的合成需要考虑以下三个元素：信度分布（belief distributions）、权重和可靠性。

首先，一条证据可以用定义在识别框架幂集上的信度分布表示。证据推理规则中的信度不仅能赋给单个元素，也能赋给任何子集。其次，证据的权重和可靠性含义不同，证据权重反映了决策者对证据的不同偏好，是主观的，取决于当利用证据时是谁作判断。最后，可靠性用来客观衡量证据的质量，是证据产生时信息源的固有属性，不依赖于是谁使用证据（Smarandache et al.，2010）。

已有的证据推理规则的研究尚缺乏专门针对多属性群体决策环境下的关于信度函数、权重和可靠性的应用研究，对于实际决策环境下例如科学基金项目评估中证据的信度函数、权重和可靠性的确定方法还有待进一步探讨。

2.4　本章小结

本章主要总结了 D–S 证据理论、D–S 证据理论的改进方法和证据推理规则中的一些基本理论与方法。首先总结了包括 D–S 证据理论中的识别框架和信度函数的概念、合成法则、框架的转化等基础知识。其次探讨了 D–S 证据理论的改进方法中针对证据源的修正方法、针对合成法则的改进方法等。最后总结了证据推理规则的基本可信度分配的构建、证据推理规则的合成法则及其基本理念分析，为后续章节中的基于证据推理规则的模型奠定了理论基础。

第3章

证据信度函数的获取方法

利用证据推理规则作不确定性推理时，最先要处理的是证据信度函数构造的问题。本章对基于语言信息的多属性群决策方法中的语言短语集和语言评价信息的处理方法进行了归纳梳理和对比，回顾了目前证据信度函数生成方法的相关研究，并从基于专家主观判断和基于统计数据两个方面提出了证据信度函数的获取方法。

3.1 引　　言

在许多现实的多属性评估分析问题中，由于评估问题的复杂性以及人类认知的模糊性，评价过程中的信息无法被定量地、精确地表示，而往往以"很好""好""不错""一般""差"等易于表达的语言评价信息的形式给出。自 Zadeh 于 1975 年提出语言变量的概念以来，人们开始了语言信息的研究，基于语言决策方法的研究已经成为热点问题。基于语言信息的多属性群决策方法首先要解决以下两个方面的问题：（1）语言变量集合的确定。即选择合适的用来评价各方案的可能语言评价等级。例如，人们在对科研项目等问题进行评估时往往会倾向于使用"优""良""中""差"等定性的评估信息。（2）语言评价信息的表示。恰当的语言评价信息表示应能精确地描述语言集的语义以减少决策过程中的信息损失。

证据函数的好坏将直接影响最终的决策结果，在利用证据推理规则集结专家评估意见前，最先要处理的是证据函数的生成问题，即需将专家提供的评价信息转化为证据体，并用基本信度分配函数的形式表示。证据函数作为评估决策的待合成数据，包含多源证据信息，可以由专家直接给出，也可以根据多源信息数据计算生成。前者较为方便直观并易于实现，但易受主观因素的影响。后者客观程度较高，便于分析与调节，但受数据可得性的限制。本章首先对现有语言评价信息的处理方法进行了分析和比较；其次对获取证据信度函数的方法进行梳理和分析；最后采用专家直接给出和根据多源信息数据计算生成这两种方法分别探讨了证据函数的生成问题。

3.2 语言评价信息

3.2.1 语言短语集

在许多复杂的评价系统中，人们决策时很难作出准确的定量评判，而是以某种定性的形式表述自己的意见（Zadeh，1975）。一种很直接的方式就是使用自然语言短语。这种语言评价通过语言变量来表示定性评判，符合当今决策的实际情况。

定义 3.1 $H = \{H_0, H_1, H_2, \cdots, H_{2t}\}$ 称为语言短语集，其中，$H_i, i = 1, \cdots, 2t$ 为具体的语言术语。H 为有限且有序的术语集，一般由预先定义好的奇数个语言短语元素组成。由于实际决策问题的多样性，各语言短语集中元素的个数和含义可能不同（Bonissone and Decker，1986）。

通常，语言短语集应具有以下四个性质。

（1）有序性：当 i≥j 时，有 $H_i \geq H_j$，这里"≥"表示"优于或等于"。

（2）存在一个逆运算算子"Neg"：当 i + j = 2t 时，有 $H_i = Neg(H_j)$。

（3）极大化运算：当 $H_i \geq H_j$ 时，有 $max(H_i, H_j) = H_i$。

（4）极小化运算：当 $H_i \geq H_j$ 时，有 $min(H_i, H_j) = H_j$。

在科学基金立项评估过程中，评估指标的语言短语集均满足这些性质。例如，一个包含五个评价等级的语言短语集，可以表示为 $H = \{H_0, H_1, H_2, H_3, H_4\}$，其中，语言短语项 $H_i(i = 0, 1, 2, 3, 4)$ 对应的语义可以分别定义为：H_0 为"很差"，H_1 为"差"，H_2 为"中"，H_3 为"好"，H_4 为"很好"。

3.2.2 语言评价信息的处理方法

已有的语言评价信息处理方法主要有三类：利用语言评价集自身的顺序与性质对语言评价信息进行处理的方法（Yager，1981；Xu，2004）、将语言评价信息转化成模糊数的语言信息处理方法（Chen and Hwang，1992；Fan and Liu，2010）、将决策者的语言偏好信息转化成二元语义信息表示的语言信息处理方法（Herrera and Martinez，2000）。

3.2.2.1 基于语言短语集顺序结构的语言评价信息处理方法

基于语言短语集的语言信息处理方法未经转换，直接根据语言短语集自身的有序性和相关语言评价信息的含义进行处理和运算。该方法要求将语言短语集内的元素定义在某种确定的刻度上，用语言评估标度表示语言短语，在定义语言短语集时，根据语言评估标度的不同，可分为对称分布的有序短语集和非对称分布的有序短语集两种（王欣荣，2003）。

当语言短语集的标度为非负整数时（Herrera and Herrera-Viedma，1996；Herrera and Martinez，2001；徐泽水，2004），语言短语"差"与"好"的集成结果可能为"极好"，即产生集成运算后的结果与实际情况并不相符的问题（戴跃强等，2008）。为克服上述标度的缺点，徐泽水（2004）对标度为非负整数的语言标度进行了改进，给出了一种语言术语下标以零为中心对称且术语个数为奇数的均匀语言评估标度集。戴跃强等（2008）在此基础上对其进一步改进，给出了一种以零为中心且术语个数为奇数的非均匀语言短语集。例如，语言短语集为 $H = \{H_{-2} = 很差, H_{-1} = 差, H_0 = 中, H_1 = 好, H_2 = 很好\}$，其对应的语言标度集如图 3-1 所示。

图 3 - 1　非均匀语言标度集示意

3.2.2.2　基于模糊隶属函数的语言评价信息处理方法

基于模糊隶属函数的方法认为，语言评价信息具有模糊性，因而需要寻求一种合理的转换，用模糊集合表达语言标度。该方法通常根据模糊数学中的扩展原理将语言标度转换成对应的隶属函数，例如三角模糊数、梯形模糊数等。梯形模糊数可由四元组 （a，b，c，d） 给出，满足 $a \leqslant b \leqslant c \leqslant d$，其中，a 和 d 分别表示左、右端点，[b，c] 表示隶属函度等于 1 的区间。当 $b = c$ 时，梯形模糊数退化为三角模糊数；区间 [a，b] 也可以写成梯形模糊数的形式 （a，a，b，b）。

例如，一个含有七个元素的语言短语集可以表示为 $H = \{H_0(很差), H_1(差), H_2(较差), H_3(一般), H_4(较好), H_5(好), H_6(很好)\}$，与之对应的梯形模糊数的一种表达形式为 （见图 3 - 2） （Fan and Liu，2010）：

$$H_0 = (0,0,0.08,0.15);\qquad H_1 = (0.08,0.15,0.23,0.31);$$

$$H_2 = (0.23,0.31,0.39,0.46);\qquad H_3 = (0.39,0.46,0.54,0.62);$$

$$H_4 = (0.54,0.62,0.69,0.77);\qquad H_5 = (0.69,0.77,0.85,0.92);$$

$$H_6 = (0.85,0.92,1,1);$$

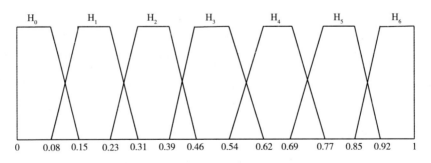

图 3 - 2　梯形模糊数的语言短语集

3.2.2.3 基于二元语义的语言评价信息处理方法

为解决语言信息运算或处理中的信息损失问题，西班牙的 Herrera 教授于 2000 年提出了二元语义方法。二元语义是一种基于符号转移概念，采用一个二元组 (H_i, α_i) 表示针对某目标（对象或准则）给出的语言评价信息的方法。其中，H_i 表示预先定义的语言评价信息集 H 中的第 i 个语言短语，α_i 称为符号转移值，表示计算得到的语言评价信息与初始语言评价集中最贴近语言短语之间的差别，α_i 是区间 $[-0.5, 0.5)$ 内的一个数值，这也就是说评价结果与 H_i 的偏差不超过 0.5。

定义 3.2 假设 $H_i \in H$ 为一个语言评价信息，则相应的二元语义信息可通过以下转换函数 Φ 得到 （Herrera and Martinez，2000）：

$$\Phi: H \rightarrow H \times [-0.5, 0.5)$$
$$\Phi(H_i) = (H_i, 0), H_i \in H \tag{3.1}$$

定义 3.3 设语言评价集 $H = \{H_0, H_1, H_2, \cdots, H_T\}$，实数 $\beta \in [0, T]$ 表示语言评价短语集经某种集成方法运算得到的数值结果，则与 β 相对应的二元语义可由函数 ψ 得到 （Herrera and Martinez，2000）：

$$\psi: [0, T] \rightarrow H \times [-0.5, 0.5)$$
$$\psi(\beta) = (H_i, \alpha_i), \text{这里} \begin{cases} H_i, & i = \text{round}(\beta) \\ \alpha_i = \beta - i, & \alpha_i \in [-0.5, 0.5) \end{cases} \tag{3.2}$$

其中，round 表示"四舍五入"取整运算。

定义 3.4 设语言评价集 $H = \{H_0, H_1, H_2, \cdots, H_T\}$，$(H_i, \alpha_i)$ 为一个二元语义，则存在一个逆函数 ψ^{-1}，使二元语义转化为相应的数值 $\beta \in [0, T]$ （Herrera and Martinez，2000），即：

$$\psi^{-1}: H \times [-0.5, 0.5) \rightarrow [0, T]$$
$$\psi^{-1}(H_i, \alpha_i) = i + \alpha_i, \alpha_i \in [-0.5, 0.5) \tag{3.3}$$

例如，一个含有七个元素的语言短语集可以表示为 $H = \{H_0(\text{很差}), H_1$

（差），H_2（较差），H_3（一般），H_4（较好），H_5（好），H_6（很好）$\}$，若某评价信息介于较差和一般之间，则可由二元语义$(H_3,-0.3)$表示，如图 3-3 所示。

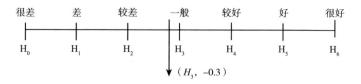

图 3-3　二元语义的语义表示

假设(H_i,α_i)，(H_j,α_j)为任意两个二元语义，则应具有以下性质：（1）有序性，即当 i>j 时，有$(H_i,\alpha_i)>(H_j,\alpha_j)$；当 i=j 时，有：①如果$\alpha_i>\alpha_j$，则$(H_i,\alpha_i)>(H_j,\alpha_j)$；②如果$\alpha_i=\alpha_j$，则$(H_i,\alpha_i)=(H_j,\alpha_j)$；③如果$\alpha_i<\alpha_j$，则$(H_i,\alpha_i)<(H_j,\alpha_j)$；这里的">""<""="分别表示"优于""劣于""等于"。（2）存在逆运算算子，即 $Neg((H_i,\alpha_i))=\psi(T-(\psi^{-1}(H_i,\alpha_i)))$。（3）极大化运算和极小化运算，即当$(H_i,\alpha_i)\geqslant(H_j,\alpha_j)$时，有$\max\{(H_i,\alpha_i),(H_j,\alpha_j)\}=(H_i,\alpha_i)$和$\min\{(H_i,\alpha_i),(H_j,\alpha_j)\}=(H_j,\alpha_j)$。

3.2.3　三种处理方法的比较

第一类方法是利用语言评价集自身的顺序与相关语言评价信息的含义对语言评价信息进行处理，用有序语言标度对其进行计算（Xu，2004；Bordogna et al.，1997；Deigado et al.，1993；Xu，2008）。该方法优点在于计算较为简单并易于理解。但由于事先定义的语言评价集是离散的，有些语言信息经过运算后很难精确地对应到初始语言评价集上，通常要找个最贴近的语言变量进行近似，在此过程中会产生一些信息的损失。

第二类方法是基于隶属函数（Degani and Bortolan，1988；Martin and Klir，2006；Pedrycz et al.，2011）将语言评价信息转换成模糊数处理，集结语言信息就是利用拓展原理对语言标度对应的三角模糊数或者梯形模糊数的运算。该方法需要预先假设隶属函数，在此近似过程中会造成部分信息丢失。此外，在模糊数运算时会进一步增加模糊性，因而导致信息失真或扭曲，在实际应用中有一定的难度。

第三类方法是基于二元语义（Herrera and Martinez，2000）或扩展二元语义（Dong et al.，2013；Wang and Hao，2006）对语言评价信息进行处理，然后提出基于二元语义的合成算子（Wei and Zhao，2012；Yang and Chen，2012；Xu and Wang，2011；Wang et al.，2015），包括二元语义加权平均（T-WA）算子、二元语义混合加权平均（T-HWA）算子、二元语义有序加权平均（T-OWA）算子等。二元语义使离散的语言短语连续化，有效避免了语言评价信息处理中的信息丢失和扭曲，使计算结果更为精确。

三类经典语言评价信息的处理方法下，均假设决策者给出的语言信息是完全的，在决策者给出的语言评价信息不完全的情况下，一些学者将 D-S 证据理论引入语言型决策（龚本刚等，2007；王坚强，2007；杨国梁等，2012），为解决语言型评价问题提供了新的思路。但在已有的关于语言评价信息的相关研究成果中，未能反映决策者提供评估信息的可靠性参数，而该可靠性在多个评价意见的合成过程中具有重要作用，能够直接影响决策质量。因此，本章将通过对贝叶斯方法和证据推理规则方法关系的梳理，提出一种基于统计数据的语言评价信息的信度函数获取方法，为后续构建基于证据推理规则的评估决策模型提供基础。

3.3　证据函数的生成方法研究

证据函数是证据理论中用于表示不确定性信息的工具。在描述含有"不知道"或"不确定"这类不确定信息时，相较于概率理论中仅在单子集构成的基本事件空间上分配概率，基本信度分配函数能在识别框架命题的幂集空间对事物进行描述，从而精确地表达不确定的信息，但如何确定证据函数仍然是一个有待解决的问题（Deng et al.，2016；Jiang et al.，2015；Suh and Yook，2013；邓勇和韩德强，2011；Jiang et al.，2011）。

黄杰等（2020）提出一种基于核密度估计（kernel density estimation，

KDE）的 BPA 生成方法，该方法主观性弱、BPA 之间冲突小。Qin and Xiao（2019）提出基于区间数理论和 k-means＋＋聚类的 BPA 生成方法。蒋雯等（2015）建立了三角模糊数模型，提出基于样本差异度生成初始 BPA。Zhang 等（2014）提出了一种数据驱动的方法，根据测试数据与所选核心样品之间的距离确定 BPA。

目前证据信度函数生成方法大概可以分成以下两类：一类是专家根据主观经验加以设定（张洪涛和朱卫东，2010）；另一类是根据已知的数据，建立适当的数学模型生成（蒋雯等，2015）。一般而言，直接根据专家经验判断设置信度函数的方法要求专家对信度函数的理论框架非常熟悉，以合理地量化他们的主观判断，而这限制了这类方法的实际应用面（付超，2009），一般在无法得到必要的数据支持的情况下使用。后一类是基于一定样本数据和一定的理论方法，例如随机集理论、模糊理论、灰色理论等，建立对应的模型产生证据信度函数（Jiang et al.，2011；Ali and Dutta，2012；Jiang et al.，2012；Suh and Yook，2013；Jiang et al.，2015）。这些方法本质上可归结为将证据源信息映射到 [0，1] 空间，构建信度函数。

3.4　基于专家主观判断的证据信度获取方法

在利用证据推理规则集结专家意见前，需将专家提供的评价信息转化为证据体，并用信度分配的形式表示。在将评价信息用信度函数表示之前要确定识别框架。举例来说，假设某一评价指标($i=1$)划分为差、中、良和优四个等级，则识别框架可定义为$\theta_{n,1}=\{H_{1,1},H_{2,1},\cdots,H_{4,1}\}=\{差,中,良,优\}$。

设$m_{n,i,k}$表示专家 k 提供的证据e_i在支持方案被评为H_n的程度，称为基本可信度。专家提供的评议信息可被视为一条支撑最终方案评估结果的证据，专家 k 在指标 i 上给出的评价信息e_i可表示为：

$$s(e_i)=\{(H_{n,i},m_{n,i,k})\},i=1,\cdots,L;n=1,\cdots,N_i;k=1,\cdots,K$$

其中, $0 \leqslant m_{n,i,k} \leqslant 1$, $\sum_{n=1}^{N} m_{n,i,k} \leqslant 1$ 。

证据信度函数的思想来源于模糊数学中的隶属度函数。给定一个证据,若决策者完全接受并使用了这条证据,此时可以理解为决策者认为这条证据的可信度为 1,即证据中单点值等于当前值的可能性非常大,此可能性用概率表示为 1(王占斌等,2008)。基于此思想,我们构建专家语言评价等级的证据信度函数。即专家给定某语言评价等级,此时可以赋予该评价等级的信度为 1。举例来说,某专家评价某方案为"优",则该证据可表示为 $\{(H_{4,1}, 1)\}$。

3.5 基于统计数据的证据信度获取方法

在许多复杂的评价系统中,人们决策时很难作出准确的定量评判,而是以某种定性的形式表述自己的意见。一种很直接的方式就是使用自然语言短语。这种语言评价是通过语言变量来表示定性评判,符合当今决策的实际情况。已有的语言信息处理方法主要有三类:基于扩展原理的将语言评价信息转化成模糊数的语言信息处理方法、基于符号转移的利用语言评价集自身的顺序与性质对语言评价信息进行处理的方法以及将决策者的语言偏好信息转化成二元语义信息表示方式的语言信息处理方法。下面将通过对贝叶斯方法和证据推理规则方法关系的梳理提出一种基于统计数据的语言评价信息的表示方法。

3.5.1 贝叶斯方法

在处理不确定问题的方法中,概率论以其理论严密性一直占据重要地位。经典的概率学派(频率学派)坚持概率的频率解释,认为概率都是客观的。与此相反,贝叶斯学派(主观概率学派)赞成主观概率,认为概率是事件未发生之前认识主体对其出现可能性大小的相信程度，是人们的主观预测。

贝叶斯理论源于英国学者 Tomas Bayes 于 1763 年在《皇家学会学报》上发表的论文《关于几率性问题求解的评论》，在该论文中提出的有关二项分布参数推断的方法，也就是贝叶斯定理。该定理是贝叶斯方法的计算依据和理论基础，它将事件的先验概率与后验概率联系起来，其实质是一个得到条件概率的过程。

先验概率分布、似然函数和后验概率分布是贝叶斯推理中的基本概念。贝叶斯学派认为，事件在未发生之前，具有某些先验概率分布，是人们根据知识和经验对该事件发生可能性所给出的个人信念，可根据过去的经验或者其他信息来确定。似然函数是刻画样本信息特征的函数。样本信息是从总体抽取的样本或者通过观察或实验所得到的试验结果给我们提供的信息。这样的信息会影响我们的判断，我们称为证据。在获得样本信息后，人们对事件的认识有了改变，并对先验概率进行修正，其结果就是事件的后验概率分布。贝叶斯方法将获得的后验概率分布作为分析问题和决策的依据。该方法根据所获得的信息修正以前的看法，符合人们的日常思维方式。

定义 3.5 条件概率：设 A、B 为两随机事件且 $P(A) > 0$，事件 B 在给定事件 A 发生时的条件概率为：

$$P(B \mid A) = \frac{P(A \cdot B)}{P(A)} \tag{3.4}$$

定理 3.1 全概率公式：设试验 E 的样本空间为 S，A 为 E 的事件，B_1，$B_2, \cdots, B_n$ 为 S 的一个划分，且 $P(B_i) > 0 (i = 1, 2, \cdots, n)$，则：

$$P(A) = P(B_1)P(A \mid B_1) + P(B_2)P(A \mid B_2) + \cdots + P(B_n)P(A \mid B_n)$$
$$= \sum_{i=1}^{n} P(B_i)P(A \mid B_i) \tag{3.5}$$

式（3.5）称为全概率公式。

定理 3.2 贝叶斯定理：设 $B_1, B_2, \cdots, B_n$ 是 S 的一个划分，且对于每个

i = 1, 2, …, n, P(B_i) > 0，如果 A 为一个事件，且 P(A) > 0，则由条件概率的定义和全概率公式：

$$P(B_i \mid A) = \frac{P(A \mid B_i) P(B_i)}{\sum_{i=1}^{n} P(A \mid B_i) P(B_i)} \qquad (3.6)$$

贝叶斯推理是以贝叶斯定理为基础的一种不确定性推理方法。贝叶斯推理的基本方法（见图 3 - 4）是根据过去的经验或者其他信息来确定先验概率，将已有的先验信息与样本信息综合，再利用贝叶斯定理，求出后验概率，然后根据后验信息来进行所需要的推断（Cooper and Herskovits，1992；朱慧明，2003）。

图 3 - 4　贝叶斯推理方法

贝叶斯方法有相当坚实的数学基础，而且方法简单易行，因此，该方法有着广泛的应用。然而，贝叶斯推理方法要求各先验概率和条件概率的分配互斥而完备，许多实际应用问题却难以满足这种要求。举例来说，实际中的许多问题人们可能给出"分不清"的信息或者"不知道"的信息，即存在不互斥或者不完备的问题。面对这样的问题，贝叶斯推理是无能为力的。另外，贝叶斯方法需要概率的初始知识，而人们在很多情况下难以确定先验概率。

3.5.2　证据推理规则与贝叶斯规则的关系分析

自贝叶斯方法提出以来，很多学者开始对其研究并进行了推广。Yang（2014）在其论文《贝叶斯推理扩展到证据推理的研究》中阐述了贝叶斯推理与证据推理理论之间的关系，并提出了在特定条件下，证据推理规则可退化成贝叶斯推理，具体内容如下。

设I_0是一条证据，该证据用识别框架$\theta = \{h_1, \cdots h_N\}$中假设的先验概率表示，即：

$$I_0 = \left\{(h_i, p_{i0}), i = 1, \cdots, N, \sum_{i=1}^{N} p_{i0} = 1\right\} \tag{3.7}$$

其中，p_{i0}是基于先验信息I_0分配给假设h_i的先验概率，可以表示为$p_{i0} = p(h_i \mid I_0)$。

令$c_{ij} = p(e_j \mid h_i, I_0)$，满足$\sum_{j=1}^{L} c_{ij} = 1 (i = 1, \cdots, N)$，则$c_{ij}$表示第$i$个假设为真且证据$I_0$已知下，预计第$j$个检验结果发生的似然函数，如表3-1所示。若新的检验结果e_1作为证据出现，则贝叶斯推理可以用来计算证据I_0和e_1支持假设h_i的后验概率，即：

$$p(h_i \mid e_1, I_0) = \frac{p(e_1 \mid h_i, I_0) p(h_i \mid I_0)}{\sum_{i=1}^{N} p(e_1 \mid h_i, I_0) p(h_i \mid I_0)} \tag{3.8}$$

表3-1 似然函数

假设	检验结果				
	e_1	$\cdots$	e_j	$\cdots$	e_L
h_1	c_{11}	$\cdots$	c_{1j}	$\cdots$	c_{1L}
$\vdots$	$\vdots$	$\ddots$	$\vdots$	$\ddots$	$\vdots$
h_i	c_{i1}	$\cdots$	c_{ij}	$\cdots$	c_{iL}
$\vdots$	$\vdots$	$\ddots$	$\vdots$	$\ddots$	$\vdots$
h_N	c_{N1}	$\cdots$	c_{Nj}	$\cdots$	c_{NL}

尽管贝叶斯规则是严谨的推理过程，但证据I_0表示在假设集$h_i(i = 1, \cdots, N)$上的概率分布，而新的证据则表示在给定一个假设后在检验结果集合$e_j(j = 1, \cdots, L)$上的似然函数。从这个意义而言，式（3.7）中证据I_0和新的证据e_1的合成却是非对称的。这种不对称性是贝叶斯推理作为一个新证据出现时更新知识过程的基础。然而，如果多条证据并未特别地区分是原始证据或新证据且需要以任意顺序合成时，这种不对称性会导致混淆。

假设p_{ij}表示检验结果e_j支持假设h_i的信度，且$\sum\limits_{i=1}^{N} p_{ij} = 1$。则$e_j$可在假设集上对称地表示为与先验证据一致的方式，即：

$$e_j = \left\{ (h_i, p_{ij}), i = 1, \cdots, N, \sum\limits_{i=1}^{N} p_{ij} = 1 \right\} j = 1, \cdots, L \qquad (3.9)$$

定理3.3 若如表3－1中产生似然函数的所有检验都是独立进行的，信度p_{ij}可用似然函数c_{ij}计算（Yang and Xu，2014），即：

$$p_{ij} = c_{ij} \Big/ \sum\limits_{n=1}^{N} c_{nj} \qquad (3.10)$$

推论3.1 设$p_{h_i, e(2)}$表示证据I_0和e_j共同支持假设h_i的综合信度，在和定理3.3相同的条件下，若信度仅分配给单个假设，每一条证据都是完全可靠的，且信度由式（3.10）表示，证据推理规则可简化成贝叶斯规则（Yang and Xu，2014），即：

$$p_{h_i, e(2)} = p(h_i \mid e_j, I_0) \qquad (3.11)$$

下面将用一个算例说明以上结果。

算例3.1 假设有一包含497个项目2407个评估信息的样本，项目的独立评估信息和资助结果的统计数据如表3－2所示。若其中一个项目得到一个评估为"优"，那么这个项目得到资助的可能性是多少。

表3－2 实验数据

项目	差	中	良	优	总资助结果
θ_1	6	51	167	194	418
θ_2	260	900	629	200	1 989
总评估结果	266	951	796	394	2 407

设$p_{\theta_1, e(2)}$表示两个证据共同支持θ_1的信度：由实验e_0揭示的项目资助的先验分布和一个项目评估结果为"优"（e_1）。项目资助率的先验分布为$p_{10} = p(\theta_1 \mid e_0)$，$p_{20} = p(\theta_2 \mid e_0)$，假设样本中总共有86个资助项目和411个未资助项目。由表3－2的数据和式（3.10）可知：

$$p_{10} = p(\theta_1 \mid e_0) = \frac{86}{497} = 0.1730, p_{20} = p(\theta_2 \mid e_0) = \frac{411}{497} = 0.8270$$

$$c_{11} = p(e_1 \mid \theta_1, e_0) = \frac{194}{418} = 0.46411, c_{21} = p(e_1 \mid \theta_2, e_0) = \frac{200}{1\,989} = 0.10055$$

$$p_{11} = \frac{c_{11}}{c_{11} + c_{21}} = \frac{0.46411}{0.46411 + 0.10055} = \frac{0.46411}{0.56466} = 0.8219, p_{21} = \frac{c_{21}}{c_{11} + c_{21}} = 0.1781$$

若 $r_0 = r_1 = 1$，由证据推理规则合成公式可计算出 $p_{\theta_1, e(2)}$，即：

$$p_{\theta_1, e(2)} = \frac{p_{11} p_{10}}{p_{11} p_{10} + p_{21} p_{20}} = \frac{0.8219 \times 0.1730}{0.8219 \times 0.1730 + 0.1781 \times 0.8270} = 0.4912$$

通过贝叶斯方法，我们能得到与证据推理规则同样的结果：

$$p(\theta_1 \mid e_1, e_0) = \frac{p(e_1 \mid \theta_1, e_0) p(\theta_1 \mid e_0)}{p(e_1 \mid \theta_1, e_0) p(\theta_1 \mid e_0) + p(e_1 \mid \theta_2, e_0) p(\theta_2 \mid e_0)}$$

$$= \frac{0.46411 \times 0.1730}{0.46411 \times 0.1730 + 0.10055 \times 0.8270} = 0.4912$$

通过算例的分析，我们利用样本中的信息，将专家的语言评价等级表示为项目资助结果集合上的信度。这种方法可以反映出专家给出的语言评价信息与项目评价结果的对应关系，证据表示的方式较为真实和直观。

3.6　本章小结

在证据推理规则进行评估决策时，如何合理地生成证据函数还是一个有待解决的重要问题。本章首先从语言变量集合的确定和语言评价信息的表示两个方面对基于语言信息的多属性群决策方法的相关问题进行了分析，总结了已有的语言评价信息处理方法包括利用语言评价集自身的顺序与性质对语言评价信息进行处理的方法、将语言评价信息转化成模糊数的语言信息处理方法以及将决策者的语言偏好信息转化成二元语义信息表示的语言信息处理方法三类，并对这三类处理方法进行了分析和比较。其次对获取证据信度函数的方法进行梳理和分析，目前证据信度函数生成方法分成了两类，一类是专家根据主观经验加以设定；另一类是根据已知的数据建立适当的数学模型生成。最后分别就基于专家主观判断的证据信度获取方法进行了探讨，通过对贝叶斯方法和证据推理规则方法关系的梳理提出一种基于统计数据的语言评价信息的表示方法，并用一个算例说明其具体计算过程，为后续的基于证据推理规则的决策模型构建提供基础。

第4章

证据的权重和可靠性

4.1 引 言

在基于证据推理规则的评估决策方法中，评估信息的合成需要考虑评价信息的表示，以及评价信息的权重和可靠性。首先，评价信息作为证据可以用定义在识别框架幂集上的信度分布表示。在处理评估决策问题时，由于各个基础指标对上层指标的贡献不尽相同，因而基础指标具有不同的重要性。其次，在专家对问题进行评估时，由于不同的专家所具有的知识、经验和偏好不同，其可靠性也不相同。此时，证据源被赋予不同的权重系数和可靠性系数，并作为折扣因子在合成各种证据源时体现，以提高证据合成的精确性。

4.2 证据的权重

4.2.1 权重的概念

权重是一个相对的概念，通常指某一因素或指标在某一事物整体评价中的相对重要程度，不仅只是体现该因素或指标所占的百分比，更强调的是该因素或指标的相对重要程度，倾向于凸显该因素或指标的贡献度或重要性。

权重系数是指某一指标项在其指标项系统中的重要程度。它表示的是：在指标项系统中其他指标项不变的情况下，该指标项发生变化时会对结果带来的影响。一般情况下，权重系数的大小与指标项的重要程度有关。

4.2.2 权重度量方法研究

长期以来，国内外有很多学者针对权重度量问题进行研究和探索，不断拓展和改进原有的方法以及思路。本节主要根据权重计算时的原始数据的来源不同，将权重度量方法大致分为主观赋权法、客观赋权法和组合赋权法三类。

（1）主观赋权法。常用的主观赋权法主要包括德尔菲法（delphi method）、专家打分法、层次分析法（AHP）、模糊综合评价法等。例如，彭国甫等（2004）将层次分析法应用在政府绩效评估中权重的度量上，采用层次分析法来度量各个指标项的权重，从而量化各指标项之间的相对重要性。谢学铭和郑健（2009）通过德尔菲法确定主观权重，并采用云模型进行云滴可视化来应对评价结果的模糊性问题，从而对专家评判结果进行修正；张立军等（2011）在运用模糊综合评价模型时，考虑了评审专家的水平差异，并且在建立专家权重时通过利用信度系数以减少评审过程中人为因素的影响；孙德忠等（2012）提出一种通过将多位专家的主观权重组合进行信息集结，得到具有收敛性的专家加权权重矩阵，从而得出综合主观权重的方法；林泽阳和林建华（2015）提出一种基于盲数理论的多指标主观赋权新方法，并阐述了该方法的基本原理及其应用步骤。

（2）客观赋权法。客观赋权法主要包括因子分析法、熵值法、变异系数法、灰色关联分析法以及逼近理想解的排序方法等。有学者采用 CRITIC 和熵值法对水质进行了评价（Diakoulaki et al.，1995；Zou et al.，2006）。也有研究对 TOPSIS 法进行改进，使其能够应用于区间数和群决策评价之中（Jahanshahloo et al.，2006；Shih et al.，2007）。针对如何客观度量某一状态下指标权重的问题，在给予向量相似度定义的基础上，学者们提出了一种度量指标权重的新方法——向量相似度法（焦利明等，2006）。俞立平等（2010）提出独立信息数据波动赋权法，该方法首先计算了评价指标的离差系数；其次通过采用改进的复相关系数来计算指标的独立信息率；最后将两者相乘从而得到权重。刘素芝等（2014）通过采用粗糙集理论的属性重要度来分析各指标因子对于森林健康的影响状况，提出了基于知识粒度和属性重要度的森林健康评价指标赋权法。叶回春等（2014）利用粗糙集理论中知识约简和相对正域理论，对知识进行约简和属性重要度进行计算，进而计算出各属性的权重。岳立柱和闫艳（2015）提出一种度量指标权重的方法，该方法的基本思路是不同评价者按照指标的重要程度来给出排序，根据排序得到综合判断矩阵从而来确定指标权重，该方法由于不需要构造判断矩阵，从而避免了赋权的主观性。

（3）组合赋权方法。国内外学者对权重度量方法的研究从早期对于单一评价方法的应用研究转移到多种权重度量方法结合使用的研究，组合赋权方法包括但并不局限于主观与客观赋权方法的组合，也可以是不同主观赋权法或不同客观赋权法的集成。组合赋权方法已逐渐成为国内外学者的研究热点，对此的研究成果相对较多。既有研究将基于加权最小二乘法的主观赋权方法和基于数学规划模型的客观赋权方法进行组合来度量多属性评价过程中的权重问题（Ma et al.，1999；Rao and Patel，2010）。林元庆和陈加良（2002）通过使用非线性优化模型来求解组合系数，该方法将最优权数与构成组合赋权方法的单一赋权方法权重的离差和最小化作为优化方向。何成铭等（2010）提出基于 DEA 和 G1 法的指标综合赋权方法，该方法在克服原有方法缺点的基础上，综合了两种方法的优点，使最终获得的权重具有主观与客观相结合的特点，更具有科学性和合理性。卫格格等（2014）提出一种基于博弈论理论的改进主观与客观赋权方法组合的权重度量方法。该方法运用博弈论来研究分析主观赋权法与客观赋权法之间存在不协调一致的关系，以获得两者之间的均衡结果。彭张林（2015）基于分析不同集权模型的基础，提出将层次分析法与离差最大化方法组合的赋权方法。王莉等（2016）在评价河流退化过程中运用主观的层次分析法和客观的方差赋权相结合的方法度量各指标权重。魏燕明等（2016）通过引入最小鉴别信息（MDI）原理将 AHP 法和熵值法所度量的权重进行组合，获得评价指标的综合赋权。

4.2.3　权重度量方法

4.2.3.1　主观赋权法

（1）德尔菲法。德尔菲法（Delphi method）又称专家会议预测法，由 O. 赫尔姆和 N. 达尔克于 20 世纪 40 年代首创，后经 T. J. 戈尔登和兰德公司进一步改进而成。德尔菲（Delphi）这一名称来源于古希腊中关于太阳神阿波罗的神话。1946 年，兰德公司首次采用这种方法来预测，后来这种方法很快被广泛采用。德尔菲法根据系统的程序，选择各方面的专家，各专家通过匿名的方式，对各指标重要程度进行评价，通过多轮次收集和分析各专家的意见和信息反馈，最终汇总形成专家基本一致的结果。

德尔菲法确定权重有以下三步（郭昱，2018）。

步骤 1：准备阶段。①确定各指标项的取值范围和权数跃值；②编制指标权重系数选取表和选取说明。

步骤 2：选择阶段。①选择专家：所选取的专家拥有认真负责的态度并且具有代表性和权威性。②评价过程：熟悉并掌握指标评价标准和岗位评价过程。③专家在慎重权衡各指标差异的基础上独立选取权重系数，将选取结果填入"权重系数选取表"中，并在"选取说明"中简要说明选取依据。

步骤 3：处理阶段。将各位专家的选取结果通过采用加权平均的方式获得最终结果。

计算公式为：

$$x = \frac{\sum x_i f_i}{\sum f_i} \qquad (2.1)$$

其中，x 代表某指标的权重系数；x_i 代表各位专家所选取的权重系数；f_i 代表某权重系数出现的系数。

（2）层次分析法。层次分析法（analytic hierarchy process，AHP）是 20 世纪 70 年代初由美国著名运筹学家、匹兹堡大学教授 T. L. Satty 提出的，是一种定性分析与定量分析相结合的系统分析方法，对于指标体系中既含有定性指标又含有定量指标的情况，可以选择层次分析法来度量指标权重。

AHP 确定多因素权重有以下三步（陈悦华和黄刚，2017）。

步骤 1：建立层次结构模型。首先将需要进行评价的系统里的所有因素进行分层处理；其次绘制结构图来表现各因素之间的从属关系，从而建立起层次结构模型。

步骤 2：构造判断矩阵。首先将层次结构模型中的各个因素逐层进行两两比较分析；其次依据 Satty 提出的标度法，采用具体的数值来定量表现两个因素彼此之间的相对重要程度；最后构造出判断矩阵 B。

步骤 3：层次单排序与一致性检验。①通过特征根法计算满足 $BW = \lambda W$ 的 λ_{max} 及其相应的 W；②计算判断矩阵 B 进行一致性检验所需指标 $CI = \dfrac{\lambda_{max} - n}{n - 1}$；③求取随机一致性比率 $CR = \dfrac{CI}{RI}$，RI 可以根据表 4 - 1 取值。

表 4 - 1　　　　　　　　　　随机一致性指标 RI 值

n	1	2	3	4	5	6	7	8	9
RI	0	0	0.52	0.89	1.12	1.26	1.36	1.41	1.46

当 CR < 0.10 时，认为判断矩阵的一致性检验满足条件；否则，需要对判断矩阵 B 进行调整，直至具备满足条件的一致性。

层次分析法的优点：①系统性，将评价对象视作系统，按照分解、比较、判断、综合的思维方式进行决策；②实用性，定性分析与定量分析相结合，应用范围广泛；③简洁性，计算简便，结构明确，容易被决策者掌握。

层次分析法的缺点：①只能从原有的方案之中从优选择一个，不能为决策者提供新方案；②定量数据涉及较少，定性分析较多，不容易令人信服。

4.2.3.2　客观赋权法

（1）因子分析法。因子分析法是指研究从变量群中提取共性因子的统计技术方法。该方法是由英国心理学家 C. E. 斯皮尔曼提出。他发现，学生的各科成绩之间存在一定的关联，往往一科成绩好的学生，其他各科成绩也较好，从而推想其中是否存在着某些潜在的共性因子。因子分析能够在许多变量中找到隐藏其中的具有代表性的因子。将具有相同本质的变量归入一个因子中，可以减少变量的数目，同时还可检验变量间关系的假设。

因子分析进行降维的工具一般选用 SPSS 统计软件，利用此方法的具体步骤有（刘燕和李影，2020）：①判断原始指标数据能否做因子分析；②构造因子变量；③运用最大方差法获取旋转成分矩阵，得到因子的命名解释权，构造出新的指标体系。

（2）熵值法。熵值法（entropy evaluation method，EEM）的基本思路是根据指标的变异程度来确定客观权重，涉及的数据是决策矩阵，而其属性权重反映了属性值的离散程度。一般来说，若某个指标的信息熵越小，表明指标值的变异程度越大，能够提供的信息量越多，在综合评价中所能起到的作用也越大，其权重也越大；反之则反是。

熵权法求取指标权重有以下三步（郭昱，2018）。

步骤 1：数据标准化处理。

假设给定 k 个指标 $X_1, X_2, X_3, \cdots, X_k$，其中，$X_i = \{x_1, x_2, x_3, \cdots, x_n\}$。假设将各指标数据标准化处理以后的值为 $Y_1, Y_2, Y_3, \cdots, Y_k$，那么

$$Y_{ij} = \frac{x_{ij} - \min(x_i)}{\max(x_i) - \min(x_i)}。$$

步骤 2：求各指标的信息熵。

根据信息论中的信息熵的定义：一组数据的信息熵为 $E_j = -\ln(n)^{-1} \sum\limits_{i=1}^{n} p_{ij} \ln p_{ij}$。其中，$p_{ij} = \dfrac{Y_{ij}}{\sum\limits_{i=1}^{n} Y_{ij}}$，如果 $p_{ij} = 0$，则定义 $\lim\limits_{p_{ij} \to 0} p_{ij} \ln p_{ij} = 0$。

步骤3：确定各指标的权重。

依据信息熵的计算公式，计算出各指标的信息熵为$E_1, E_2, E_3, \cdots, E_k$。通过信息熵计算各指标的权重：$W_i = \dfrac{1 - E_i}{k - \sum E_i}$（$i = 1, 2, 3, \cdots, k$）。

熵值法的优点：①客观性，相对于主观赋权法，它的精确度较高，能更好地解释获得的结果；②适用性好，可用于任何需要确定权重的过程，也可以结合其他方法共同使用。

熵值法的缺点：①缺乏各指标之间的横向比较；②各指标的权重值会随着样本的变化而变化，权重系数依赖于样本。

4.3　证据的可靠性

4.3.1　证据可靠性的研究

证据的可靠性是基于证据推理规则的多属性群决策分析中的一个重要概念。现有研究中很少考虑可靠性，或者简单地假设所有专家都是完全可靠的，但实际上任何专家都只能是有限理性的，他们不同的可靠性程度可能会显著影响最终的合成及决策结果（Fu et al.，2015）。

曹成（2020）指出，当有多个评价者分别就某一指标进行评价时，若某个评价者提供的评价信息与其他大部分评价者提供的评价信息存在较大差异性时，则这个评价者的评价信息可靠性较低。相反，若评价者提供的评价信息与其他大部分评价者的一致性较高时，则该评价者的评价信息具有较高的可靠。当评价信息是证据推理中的语言评价等级的形式时，可以由证据间的平均冲突度表示评价信息间的差异性与一致性。当某个评价者的评价信息与其他评价者的平均冲突度低时，认为该评价者的评价信息可靠性高。反之，则该评价者的评价信息可靠性低。Fu 等（2015）认为，小组分析与讨论（group analysis and discussion，GAD）可以帮助小组中的每一位专家对所考虑的决策问题有更透彻的了解，纠正误解和偏见，而不会受到引导者和其他专家的任何压力，在此基础上提出小组中一个专家的可靠性可以定义为GA，前专家的评估与小组分析讨论后任何其他专家的评估之间的相似性的组合。

4.3.2 基于混淆矩阵的证据可靠性度量

混淆矩阵（confusion matrix）是监督机器学习中较经典的决策度量方法之一（Fu et al.，2020）。混淆矩阵的列表示预测类结果，而行表示实际的结果，主要用于比较预测结果和实际测得值，可以把分类结果的精度显示在一个混淆矩阵里面。在二维混淆矩阵主要包括四种组合，例如真正例 TP、假正例 FP、真反例 TN、假反例 FN，具体如表 4 - 2 所示（Hong and Oh，2021；Pang et al.，2021；Wang et al.，2022）。

表 4 - 2 混淆矩阵

实际结果	预测结果	
	正例	反例
正例	TP	FP
反例	FN	TN

根据表 4 - 2 中的混淆矩阵可得到多个评价指标，目前常用到的包括：

$$准确率（accuracy） = \frac{TP + TN}{TP + FP + FN + TN}$$

$$查全率（recall） = \frac{TP}{TP + FN}$$

$$查准率（precision） = \frac{TP}{TP + FP}$$

在一般的分类问题中，TP 和 TN 越高越好，而查全率和查准率是相互矛盾的指标，两者之间是反比关系。在基于证据推理规则的多专家决策问题情景下，可利用专家历史评审绩效信息，将专家提供的评价信息与最终的实际结果对比分析构建相应的混淆矩阵，并进一步度量其可靠性。

4.4 本章小结

证据的权重和可靠性是基于证据推理规则的多属性群决策分析中的重要内容。证据的重要性反映决策者对于证据的主观认知和偏好，而可靠性反映证据有为当前评估问题提供正确、有用信息的能力。本章主要分别就证据权重和证据可靠性的相关研究进行梳理，并介绍了主观赋权法和客观赋权法等权重度量方法，且根据混淆矩阵的准确率与召回率等指标，提出证据可靠性的度量思路。

第 5 章

证据的合成方法与决策规则

5.1 引　　言

基于证据推理规则的评估决策方法中，除了将决策信息转换为证据函数形式并度量其权重和可靠性之外，还需要解决以下两个关键问题：（1）决策信息的合成，即利用合适的合成算子对各方案的评价信息进行集结。性能优良的合成算子，其合成结果应能较好地反映所有指标上决策群体中所有专家的意见。（2）决策方案（项目）的选择，即通过采取合适的决策规则，结合上一步的合成结果，选出最佳的方案。本章主要探讨关于证据的合成方法和决策规则两个方面的问题。

5.2 证据的合成方法研究

在评价信息集结方面，常规的评价信息集结算子有加权平均算子（范建平等，2022）、有序加权平均（ordered weighted averaging，OWA）算子（Yager，1988）、有序加权几何平均（OWGA）算子以及 D－S 理论（曹成，2020）。

证据理论主要的内容之一是合成多个证据的法则，Dempster 合成法则是证据理论的核心内容，能够较好地反映多个证据之间的联合作用（Dempster，1967；Shafer，1976）。它将来自不同信息源的独立证据进行组合，产生更为可靠的信息。在采用 D–S 证据理论进行评估决策问题的多专家意见合成时，一般利用 Dempster 合成规则来融合不同专家提供的证据（肖人毅和王长锐，2004；周光中，2009）。然而，使用 Dempster 合成规则融合多条证据时，无法综合考虑证据间的冲突、证据可靠性和重要性等问题（朱卫东等，2016；Chen et al.，2015；Yang and Xu，2014；Yang and Xu，2013；Li et al.，2011；Jousselme and Maupin，2012）。针对冲突度改进的证据合成方法大致可以分为两类：（1）针对 Dempster 合成法则的改进（Jiang et al.，2017；Lefèvre and Elouedi，2013；Smets，2005；Lefevre et al.，2002；Horiuchi，1998）；（2）针对证据源的修正，即对冲突的证据进行预处理（Du et al.，2019；Du et al.，2018；郭健和尹洁林，2016；刘志成等 2014；杨善林等 2004）。

5.3　证据决策规则

决策规则对于一个信息系统而言是至关重要的。选择有效的决策规则是相当复杂的，同时，选择不同的决策规则可能会形成不同的决策结果。合理选择规则不仅能够减少计算量而且可以有效地规避决策风险。

5.3.1　基于证据信任结构的决策规则

目前，基于证据理论的证据结构进行决策时，主要运用基于证据信任结构和基于效用函数框架下的决策规则。基于证据信任结构的决策规则要求最优目标（项目）应具有最大的决策函数值，主要有最大基本概率分配函数 [Max m(·)] 规则、最大信任函数（MaxBel）规则、最大似真函数（MaxPls）

规则和信度区间规则等（Yager，1992；Yen，1989；龚本刚，2007）。

5.3.1.1 最大基本概率分配函数法

设 $\exists X_1, X_2 \subset \theta$，满足 $m(X_1) = \max\{m(X_i), X_i \subset \theta\}$，$m(X_2) = \max\{m(X_i), X_i \subset \theta \text{ 且 } A_i \neq A_1\}$，若有：

$$\begin{cases} m(X_1) - m(X_2) > \varepsilon_1 \\ m(\theta) > \varepsilon_2 \\ m(X_1) > m(\theta) \end{cases}$$

则 X_1 为判断结果，其中，ε_1，ε_2 为预先设定的阈值。

5.3.1.2 最大信任函数法

设 $\exists X_1, X_2 \subset \theta$，满足 $\mathrm{Bel}(X_1) = \max\{\mathrm{Bel}(X_i), X_i \subset \theta\}$，$\mathrm{Bel}(X_2) = \max\{\mathrm{Bel}(X_i), X_i \subset \theta \text{ 且 } A_i \neq A_1\}$，若有：

$$\begin{cases} \mathrm{Bel}(X_1) - \mathrm{Bel}(X_2) > \varepsilon_1 \\ \mathrm{Bel}(\theta) > \varepsilon_2 \\ \mathrm{Bel}(X_1) > \mathrm{Bel}(\theta) \end{cases}$$

则 X_1 为判断结果，其中，ε_1，ε_2 为预先设定的阈值。

5.3.1.3 最大似真函数法

设 $\exists X_1, X_2 \subset \theta$，满足 $\mathrm{Pl}(X_1) = \max\{\mathrm{Pl}(X_i), X_i \subset \theta\}$，$\mathrm{Pl}(X_2) = \max\{\mathrm{Pl}(X_i), X_i \subset \theta \text{ 且 } A_i \neq A_1\}$，若有：

$$\begin{cases} \mathrm{Pl}(X_1) - \mathrm{Pl}(X_2) > \varepsilon_1 \\ \mathrm{Pl}(\theta) > \varepsilon_2 \\ \mathrm{Pl}(X_1) > \mathrm{Pl}(\theta) \end{cases}$$

则 X_1 为判断结果，其中，ε_1，ε_2 为预先设定的阈值。

5.3.1.4　基于信任区间的多属性决策规则

上述三种方法都是以信任区间的端点或单点作为决策依据，仅根据某一种信度函数值的大小来决策，很明显是片面的。岳超源（2003）和 Wang 等（2005）在考虑信任函数和似真函数两个方面对于决策方案贡献的基础上，构造一个信任区间，综合考虑一个命题信任程度的两个方面，并提出具体基于信任区间的多属性决策规则。

根据证据理论的信任区间的含义，对于任意两个命题（方案）$a_1, a_k (1, k \in \{1, 2, \cdots, N\})$，如果 $\mathrm{Bel}(\{a_1\}) > \mathrm{Bel}(\{a_k\}), \mathrm{Pl}(\{a_1\}) > \mathrm{Pl}(\{a_k\})$，说明方案 a_1 优于方案 a_k，即 $a_1 > a_k$；如果 $\mathrm{Bel}(\{a_1\}) = \mathrm{Bel}(\{a_k\}), \mathrm{Pl}(\{a_1\}) = \mathrm{Pl}(\{a_k\})$，说明方案 a_1 与方案 a_k 没有差别，即 $a_1 \sim a_k$。对于其他的情形，可以通过以下定义计算方案 a_1 优于方案 a_k 的程度。

定义 5.1　对于方案 a_1、a_k，如果方案 a_1、a_k 的信任区间分别为：$[\mathrm{Bel}(\{a_1\}), \mathrm{Pl}(\{a_1\})]$、$[\mathrm{Bel}(\{a_k\}), \mathrm{Pl}(\{a_k\})]$，则方案 a_1 优于方案 a_k 的程度为（龚本刚，2007）：

$$P(a_1 > a_k) = \frac{\max[0, \mathrm{Pl}(\{a_1\}) - \mathrm{Bel}(\{a_k\})] - \max[0, \mathrm{Bel}(\{a_1\}) - \mathrm{Pl}(\{a_k\})]}{[\mathrm{Pl}(\{a_1\}) - \mathrm{Bel}(\{a_1\})] + [\mathrm{Pl}(\{a_k\}) - \mathrm{Bel}(\{a_k\})]}$$

$(P(a_1 > a_k) \in [0, 1])$

根据定义 5.1，很容易得到下列基本性质。

（1）当且仅当 $\mathrm{Bel}(\{a_1\}) \geqslant \mathrm{Pl}(\{a_k\})$ 时，$P(a_1 > a_k) = 1$；

（2）当且仅当 $\mathrm{Pl}(\{a_1\}) \geqslant \mathrm{Bel}(\{a_k\})$ 时，$P(a_1 > a_k) = 0$；

（3）当且仅当 $\mathrm{Bel}(\{a_1\}) + \mathrm{Pl}(\{a_1\}) = \mathrm{Bel}(\{a_k\}) + \mathrm{Pl}(\{a_k\})$ 时，$P(a_1 > a_k) = 0.5$；

（4）对于任意三个决策方案 $a_1, a_k, a_q (1, k, q \in \{1, 2, \cdots, N\})$，若 $P(a_1 > a_k) > 0.5$ 且 $P(a_k > a_q) > 0.5$，则 $P(a_1 > a_q) > 0.5$；

（5）若 $\mathrm{Bel}(\{a_1\}) > \mathrm{Bel}(\{a_k\})$ 且 $\mathrm{Pl}(\{a_1\}) > \mathrm{Pl}(\{a_k\})$，则 $P(a_1 > a_k) > 0.5$；

（6）若 $\mathrm{Bel}(\{a_1\}) < \mathrm{Bel}(\{a_k\})$，$\mathrm{Pl}(\{a_1\}) > \mathrm{Pl}(\{a_k\})$ 且

$$\frac{\mathrm{Bel}(\{a_l\}) + \mathrm{Bel}(\{a_k\})}{2} > \frac{\mathrm{Pl}(\{a_l\}) + \mathrm{Pl}(\{a_k\})}{2}, \quad 则\ \mathrm{P}(a_l > a_k) > 0.5。$$

根据上述的性质，定义决策方案排序如下。

（1）如果 $\mathrm{P}(a_l > a_k) > 0.5$，则说明方案$a_l$优于方案$a_k$，即$a_l > a_k$；

（2）如果 $\mathrm{P}(a_l > a_k) < 0.5$，则说明方案$a_l$劣于方案$a_k$，即$a_l < a_k$；

（3）如果 $\mathrm{P}(a_l > a_k) < 0.5$，则说明方案$a_l$与方案$a_k$没有差别，即$a_l \sim a_k$；

（4）对于任意三个决策方案$a_l, a_k, a_q (l, k, q \in \{1, 2, \cdots, N\})$，若 $\mathrm{P}(a_l > a_k) > 0.5$ 且 $\mathrm{P}(a_k > a_q) > 0.5$，则说明方案$a_l$优于方案$a_q$，即$a_l > a_q$。

5.3.1.5 证据区间法

证据区间法利用基数函数对命题的不确定区间重新进行分配，即：

$$f(A) = \mathrm{Bel}(A) + [\mathrm{Pl}(A) - \mathrm{Bel}(A)] \times \frac{\mathrm{Card}(A)}{\mathrm{Card}(S)}$$

其中，$f(A)$是对命题 A 的认可函数；S 是辨识空间；Card（·）是预先定义的基数函数，通常可以取值命题所含有的元素的个数（潘巍等，2004）。既有文献（刘大有等，1999）对上述公式作了改进，转而对各命题的 BPA 值进行分配，即：

$$UU = \sum_{j=1}^{k} \frac{\mathrm{Card}(A_i \cap A_j) \times m(A_j)}{\mathrm{Card}(A_j)}$$

5.3.2 将信任函数转换为类概率函数

肖文（2011）提出对于决策规则的需求来源于信息的不确定性与先验知识的缺乏。为了制定最优决策，需要计算每个行动的期望效用，这就要求将信任函数转换为类概率函数。

5.3.2.1 Pignistic 规则

Smith（1961）提出了 Pignistic（赌博，源于拉丁文）概率，而后 Smets

进一步证明了其在不确定推理领域的决策有效性（Smets，1990）。Smets 认为，信度存在于 credal 和 pignistic 两个不同的层面。在 credal 层面，命题可以通过各种模型，例如 D–S 模型、可传递置信模型等，来获取信度；而在 Pignistic 层面，命题的信度被转换为概率的形式。Pignistic 概率与基于信度的单层决策相比较，能够更有效地扩大各命题之间的信度差异，其表达方式也更加符合人类的直觉（潘巍等，2004）。

Smets 给出了决策时将信任函数转换为概率函数的方法（Smets，2005），若 m 是识别框架 θ 下的 BBA，则一个 Pignistic 变换是将该 BBA 映射为 Pignistic 概率函数分布，即：

$$BetP(x) = \sum_{x \in A \subseteq \theta} \frac{1}{|A|} \frac{m(A)}{1 - m(\emptyset)}$$

其中，$|A|$ 表示集合 A 中元素的个数，也称为集合 A 的势。

5.3.2.2 Plausibility 规则

Cobb and Shenoy（2006）提出了另一种将信任函数转化为概率函数的方法，若 m 是识别框架 θ 下的 BBA，Pl_m 表示 m 对应的似然函数，Pl_P_m 表示转换后的概率函数，则对于任意 $x \in \theta$，有：

$$Pl\_P_m(x) = K^{-1} Pl_m(\{x\})$$

其中，$K = \sum \{Pl_m(\{x\}) \mid x \in \theta\}$ 是归一化常量。

5.3.2.3 期望区间决策规则

Strat（1990）建议采取上期望、下期望的加权平均进行决策，决策结果依赖于参数 ρ，可视为乐观/悲观系数，即：

$$E(x) = E_*(x) + \rho[E^*(x) - E_*(x)]$$

其中，$E_*(x) = \sum_{A_i \subseteq \theta} \inf(A_i) m(A_i)$ 表示下期望；$E^*(x) = \sum_{A_i \subseteq \theta} \sup(A_i) m(A_i)$ 表示上期望。

5.3.3　组合规则法

当研究目标的结论为信任度区间时，人们往往会依据一种或几种决策规则来进行决策，从而获得最终结果。

组合规则法在最大信任函数规则和最大似真函数规则方法的基础上增加了一些限制条件（潘巍等，2004），常用规则有以下三种。

（1）目标类别应具有最大信度（可以是 BPA、Bel 或 Pls）；

（2）目标类别与其他类别的信度之差应大于某一阈值；

（3）不确定概率分配应小于某一阈值。

5.4　本章小结

证据合成方法和决策规则对基于证据推理规则的系统来说是至关重要的。本章对 Dempster 合成法则和针对冲突度改进的证据合成方法进行了梳理，从针对 Dempster 合成法则的改进和针对证据源的修正、对冲突的证据进行预处理两个方面进行了总结，并进一步分析了证据推理规则框架下评估信息合成的问题。

针对证据决策规则，本章总结了最大基本概率分配函数 [Max m（·）] 规则、最大信任函数（MaxBel）规则、最大似真函数（MaxPls）规则、基于信任区间的多属性决策规则、证据区间法、Pignistic 规则、Plausibility 规则以及期望区间决策规则和组合规则法等。

第6章

国家自然科学基金立项评估分析

　　为更好地适应科技发展的新趋势和国家战略需求，根据科学基金的资助导向和管理特点，国家自然科学基金委（NSFC）目前确立了由研究项目、人才项目和环境条件项目三个不同项目系列构成的资助格局，建立了面上、重点、重大项目、重大研究计划、联合资助基金以及实质性国际合作研究等多层次相互配合衔接的资助项目系列。通过实施科技人才战略架构了以国家基础科学人才培养基金、青年科学基金、地区科学基金、国家杰出青年科学基金、创新研究群体科学基金等较为完整的人才培养资助体系；完善了以科学仪器基础研究、国际合作交流项目、科普项目等专项构成的环境条件项目体系。

　　科学基金通过对所申请项目的资助来实现对众多科学领域的支持。基金委自成立以来，在推动我国自然科学基础研究的发展，促进基础学科建设，发现、培养优秀科技人才等方面，取得了巨大成绩；为提升基础研究创新能力进行了有益的探索，积累了宝贵的经验，为我国基础研究的发展和整体水平的提高作出了积极贡献。

　　国家自然科学基金委是由国家设立的用于资助基础研究的部门，其资助项目采取宏观引导、自主申请、平等竞争、同行评审、择优支持的机制，并充分发挥专家的作用。科学基金在国家创新体系中发挥着重要作用，科学基金立项评估方法的选择直接关系到广大科技工作者的切身利益，对提高基金使用效率具有重要意义。因此，科学基金立项评估方法一直是科技管理部门和广大科研管理工作者不断探索的课题。

本章对科研项目立项评估相关研究进行归纳梳理，并对现有科学基金立项评估方法进行总结和分析，指出现行方法在立项评估信息的表达和专家意见的综合处理等方面存在的不足，为后续基于证据推理规则的科学基金立项评估分析提供理论和实践支撑。

6.1　引　　言

科技创新是提高社会生产力和综合国力的战略支撑，我国也不断加大基础研究投入，以期助力于创新型国家建设。党的十九大明确提出了建设世界科技强国的奋斗目标，确定了新时代基础研究发展的新任务新要求。习近平总书记指出，基础研究是整个科学体系的源头，是所有技术问题的总机关。国家对基础研究高度重视并寄予厚望，基础研究在迎来难得历史机遇的同时也面临前所未有的巨大挑战。国家自然科学基金委员会作为推动我国科技体制改革的重要成果，标志着我国的科学研究工作全面转入科学基金制的轨道。

科学基金制度是政府支持基础研究的主要渠道之一。科学基金立项评估是基金项目管理活动的关键，立项评估的水平关系着科学基金项目管理水平的高低。科学基金立项评估方法的选择直接关系到广大科技工作者的切身利益，决定了科学基金能否得以有效利用以及是否有助于支撑我国基础科学发展。科学基金立项评估研究是近年来国内外项目管理、科技评价领域的一个热点问题。

近年来，科学基金受理的申请书数量逐年攀升，为基金委项目立项管理工作带来新的挑战。经过 30 多年的发展实践，我国科学基金立项评估所面临的环境发生了重大变化。一方面，科技的迅猛发展以及复杂程度的不断提高使科学基金项目的复杂性和规模越来越大，进而使科学基金立项评估的复杂性和重要性凸显；另一方面，科学基金管理的信息化以及评估信息的积累，为我们更好地研究科学基金立项评估提供了重要的资料与证据。第八届国家自然科学基金委员会第一次全体委员会议确立了构建新时代科学基金体系的改革目标和深化改革方案，方案提出要完善评审机制，在未来5～10年实现"负责任、讲信誉、计贡献的智能辅助分类评审机制"目标，完成"建立智能辅助评审管理系统"的任务（见图6-1）。

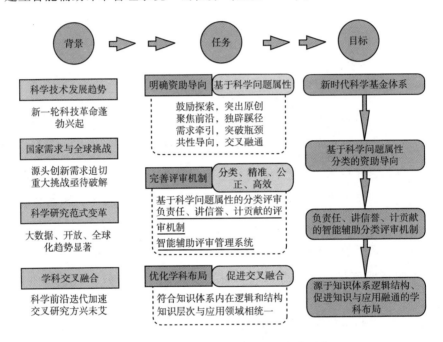

图6-1　国家自然科学基金深化改革要点

资料来源：2019年国家自然科学基金项目分类申请与评审注意事项。

在新时代背景下，如何把握历史机遇与时代脉搏，应对新的挑战，为建设世界科技强国提供有力支撑，是科学基金立项评估面临的重要问题。科学基金立项评估是典型的多属性群决策问题。在多指标群体专家决策框架下，由于科学基金立项评估的复杂性和不确定性，以及指标的不同和专家知识背景、经验等差异，专家往往难以对问题给出准确的定量判断，并导致决策信息的重要性和可靠性信息存在差异。这部分信息对证据合成有重要作用，会影响决策意见合成的质量。如何在新的环境下提高项目申请评审合理性，对专家评议意见进行处理，利用更多信息辅助科学基金管理人员进行资助决策，成为亟待解决的问题。

6.2　科研项目立项评估研究

本节从研发项目的选择方法研究和同行评议研究两个方面对科研项目立项评估的相关文献进行回顾。

6.2.1　研发项目的选择方法研究

从项目管理的角度，科研项目的评估基于项目的周期性可划分为三个阶段：前评估、中评估和后评估。前评估多是指立项评估，而中评估是针对正在进行的项目，后评估则是发生在项目结束之后（Olsson et al.，2010）。一般来说，在不同的评估阶段，评估指标和评估方法也不相同，本节主要关注的是科研项目的立项评估。

科研项目立项评估的普遍性和重要性使其一直受到学者的广泛关注（Pinheiro et al.，2016；杨列勋，2002）。国内外学者在项目评估选择的理论及方法等方面做了大量的研究工作，并取得了不少成果（Karasakal and Aker,2017；Arratia et al.，2016；Khalili-Damghani et al.，2013；Feng et al.，2011；陈媛和樊治平，2010；王凭慧，1999）。目前，关于科研项目评估选择方法通常可分为定性方法和定量方法两类。早期的定性评价方法主要是权威判断，后期发展起来的有同行评议法、Delphi 法和回溯分析等方法。定量评价方法有文献计量法、排序法、线性规划法、非线性规划法以及多目标决策法等。图 6 - 2 列举了比较常用的几种方法（王凭慧，1999；杨列勋，2002）。

科研项目立项评估的定性方法源来已久，早期的选择决策均属于此类。另外，Delphi 法和回溯分析法也已普遍运用于科研项目评估之中。同行评议

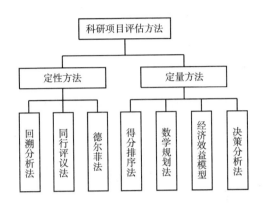

图 6 – 2 科研项目评估的定性与定量方法

是由从事特定领域或接近该领域的专家来评定一项研究工作的学术水平或重要性的一种方法。同行评议法已有几百年的历史，尽管目前定量方法已有了长足的发展，但同行评议在评审科研项目申请、评定科研成果等方面一直发挥着重要的作用（Van Den Besselaar et al.，2018；王凭慧，1999）。但评价信息的利用以及在分阶段同行评议情况下如何进行项目选择的决策分析仍未受到学者的重视。

在科研项目立项评估的定量方法领域（Tavana et al.，2015），最早的研究可追溯于 Mottley（1959）等发表的一篇关于立项选择定量模型，现今学者们已建立了数百种立项评价定量模型。多属性决策分析方法由于可以反映项目的实际评估选择机制而被学者广泛研究并应用到科研项目的评估与选择（Khalili-Damghani et al.，2013；Tavana et al.，2013；Tian et al.，2005）。层次分析法由于相对直观并易于理解，是决策分析模型中常用的方法之一，但由于"排序逆转问题"和两两比较的工作量大而导致实际应用范围受到一定限制（Heidenberger and Stummer，1999）。由于科研项目往往具有很强的探索性，同行评议专家对于评估指标的理解程度及各自的评估意见存在差异性，从而导致评议结果具有较大不确定性。因此，一些学者引入证据理论、模糊语言评价模型等不确定性的方法研究专家评审信息的处理和集结问题（Ghapanchi et al.，2012；Wei et al.，2007；王雄和吴庆田，2007；肖人毅和王长锐，2004）。

上述科研项目立项评估方法的研究从不同的角度丰富了学术界对评估方法的认识，也为科研项目的评估实践提供了有效支撑。但目前仍存在着一些问题，主要表现为：对同行评议专家一视同仁，不同专家所提供的评议信息的质量不同，具有不同的可靠性，已有方法往往忽略了这一点。

6.2.2　同行评议研究

从广义上说，同行评议是指某一或若干领域的一些专家根据一种决策标准，共同对涉及上述领域的一项知识产品进行评价的活动（郭碧坚和韩宇，1996）。就科学基金立项评估而言，同行评议可以理解为，由来自基金组织之外的有关领域的专家根据基金委建立的评审标准来判定申请书符合标准的程度，评审结果直接影响科研资金的分配（胡明铭和黄菊芳，2005）。国家自然科学基金委于 2011 年 4 月修订通过的《国家自然科学基金面上项目管理办法》对同行评议的定义为：评审专家对项目申请从科学价值、创新性、社会影响以及研究方案的可行性等方面进行的独立判断和评价。目前，同行评议已成为科技项目立项决策过程中一个不可或缺的环节。

按照同行评议的运作方式，科研项目立项评审的同行评议可划为四类（李延瑾，2002）：通讯同行评议、专家小组（或委员会）同行评议、现场同行评议和内部同行评议。四种同行评议方法中，通讯同行评议是最为经济的方法。科学基金组织在对其管理的基金申请项目进行同行评议时，一般会采取上述一种或几种方法同时使用。我国国家自然科学基金委员会对面上基金项目及青年基金项目申报采用的是通讯同行评议和会议评审相结合的方式。

20 世纪 30 年代以后，美国率先把同行评议引入科研项目经费申请的评审工作中。20 世纪 50 年代初，同行评议被美国自然科学委员用于评定自然科学基金。而后同行评议在世界范围内得到普遍的应用与肯定，成为科研机构开展评价活动的主流模式。由于同行评议已有数十年的应用历史，其基本理论与方法已经比较成熟，我国学者吴述尧（1996）、胡明铭和黄菊芳

（2005）、龚旭（2009）以及周建中（2013）等都针对同行评议的基础理论和评价指标体系进行了比较全面的论述。

关于同行评议的研究主要集中于以下六个方面（张国宏和周霞，2015；李东等，2014；张改珍，2013；周建中和徐芳，2013）：（1）对各个机构开展同行评议的实践与方法的研究。例如，对美国国家科学基金会（NSF）、德国研究联合会（DFG）、英国研究理事会（RCUK）等机构的基金评审方法的研究（范英等，2004；郭碧坚和韩宇，1994；Mervis，2011）。（2）对同行评议过程公正性的研究。对于同行评议的公正性的研究可分为三个方面，分别是公正性的影响因素分析、同行评议存在的问题和提高公正性的对策建议（张国宏和周霞，2015）。其中，关于公正性的影响因素是学者的研究核心，龚旭（2005）将影响同行评议公正性诸多因素从评议过程本身和评议过程之外两个方面进行分析，将不公正现象分为制度性不公正（即同行评议本身固有的不公正）与非制度性不公正（即由评议人个人因素等带来的不公正），并较为系统地分析了影响公正性的诸因素，为制定公正性政策提供了重要依据。周光中（2009）认为，受学术界关注的公正性的因素为利益冲突和个人偏见。（3）对同行评议专家的相关研究。对于同行评议专家的研究主要集中在两个方面：同行专家选拔标准和同行评议专家的遴选方式。同行专家选拔标准是专家遴选的基础，遴选专家的标准可以表现为具有丰富的研究经验、与被评价内容熟悉的"小同行"、具有良好的个人素质和工作态度，能作出客观、公正、无个人偏见的评价（鲍玉昆和李新男，2002；李东等，2014；王志强，2002；Marsh et al.，2008）。定量标准以项目评选结果测定评议水平和以项目结题情况考量专家评议水平（何香香和王家平，2005），或者对同行评议专家的评价结果进行反评估，以更科学、更恰当地选择同行评议专家（李光文和吴达，2011；王成红等，2004）。学者建议的同行评议专家的遴选方式主要为：建立同行评议专家库，通过计算机的辅助来遴选同行评议专家（江虎军等，2006；齐丽丽和司晓悦，2008）；由学部、科学处或学术委员会推荐；由项目申请者提供评审专家名单；公开选举；聘请国外评议人（陈喜乐等，2014）。（4）对同行评议局限性的研究。例如科技资源分配的马太效应；同行评议的工作程序的缺陷；同行评议的一致性程度不高，遴选结果具有一定的随机性等，并针对局限性探讨同行评议制度的一些改革对策（张荣，2005）。（5）对同行评议非共识问题的研究。研究主要关注非共识项目的识别和非共识度量、非共识项目成因分析以及非共识项目的处理等方面（王勇等，2012；张冠南，2015）。（6）基于文献统计和分析对中国同行评议研究状况的分析。主要是借助文献计量方法和工具对同行评议研究状况进行分析，在此基础上找出同行评议研究的热点，并对研究热点的进展展开分析（张改珍，2013；姜春林等，2013）。

　　作为一种主观方法，尽管同行评议方法在具体实施过程遇到了某些问题，但迄今还没有找到更为可行的方法能替代同行评议对科技项目立项的评审。近年来，学者们已有研究主要关注的是对同行评议制度本身的相关研究，例如同行评议的运行机制、同行评议实践中发现的问题等，以及探讨同行评议的公正性和有效性方面，以期建立客观、公正的同行评议体系，而对于如何有效地利用评估信息的研究较少。在同行评议过程中，专家的评价意见的使用方法直接影响评审结果。同行评议的结果如何使用，这是项目评估组织者需要考虑的一个重要问题。

6.3　国家自然科学基金立项评估方法

6.3.1　国家自然科学基金立项评估流程

　　科学基金一般在每年的 3 月集中受理项目申请，立项评审一般按照项目提交、初审、通讯评审、综合处理、会议评审和最终决策的程序进行。项目主任的职责主要包括对项目申请进行初筛（主要是形式审查），遴选通讯评审专家和会议评审专家，组织通讯评审，撰写通讯评审综合意见，准备并组织召开会议评审。但是项目主任没有否决专家评审意见或直接批准小额项目的权力。与国际做法的一个主要区别（如与美国国家科学基金会相比）是，科学基金项目主任的职责主要是承担管理工作，没有权力干预评审过程。这种职责设置很大程度上是为了体现项目评审依靠专家，确保评审过程的公正和透明。

目前科学基金立项评估的具体流程如下（国家科技评估中心，2011）：首先，科研资助机构发布项目征集书（call for proposals，CFP），这些征集书被送到包括高校和科研院所等在内的相关机构。其次，感兴趣的学者和研究者可根据申请指南撰写并提交申请书。科研资助机构的相关部门对提交的项目申请书初审，即形式审查。最后，通过初审的项目被派送到评审专家处进行通讯评审，管理部门对通讯评审结果进行综合处理，然后根据处理结果将一部分结果较好的项目送到会议评审处进行进一步评审，决定资助结果。科学基金立项评审的一般流程如图 6-3 所示。

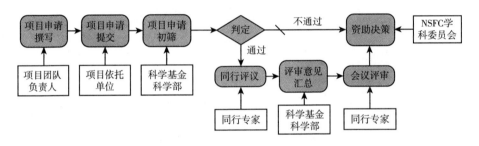

图 6-3　科学基金立项评审的一般流程

如图 6-3 所示，通讯评审及评审意见的综合处理阶段十分重要，是科学基金立项评估的核心工作。同行评议意见是项目评审的依据，应当客观、公正、明确、具体，对每一个申请项目，有效的同行评议意见应不少于三份。

6.3.2　科学基金立项评估的同行评议方法

科学基金的同行评议系统与国际做法有很多相似之处，主要采取两种方法收集同行评议专家的意见，即通讯评审和会议评审相结合的方法。先由科学处的项目主任在评审专家库中选择 3~5 名与申请项目研究方向相同或相近的专家以邮件或通讯评议的方式填写国家自然科学基金项目同行评议意见表。在通讯评议的基础上，由所属学科的相关专家组成学科评审组，以会议评审的方式对项目进行讨论后投票，最终确定项目资助与否。通讯评审是科学基金项目管理最重要的内容，本书主要关注同行评议中的通讯评审阶段。未加特殊说明的情况下，本书提及的评审意见均指通讯评审意见，评审专家也均为通讯评审专家。

（1）通讯评审的主要环节。通讯评审阶段可以细化为以下工作流程：立项评估内容的确定，立项指标信息的获取，立项评估信息的表达及处理和专家意见综合评估的形成四个环节，如图6-4所示。

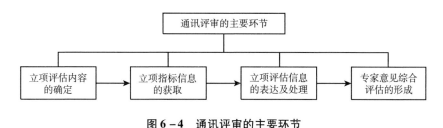

图6-4　通讯评审的主要环节

（2）通讯评审的评估内容和指标体系。在通讯评审阶段，有关评审准则和评估指标的同行评议要点一般会和需要评审的项目申请书一起发送给评审专家。以面上项目为例，专家需要从以下五个方面对申请项目进行评议（国家科技评估中心，2011）：①学术价值和应用前景；②研究内容、研究目标及拟解决的关键科学问题；③研究方案和可行性分析；④项目组的研究能力以及经费预算；⑤发现和保护创新性强的项目，扶持交叉学科的研究项目。

评审专家根据以上评审要点对科学基金项目申请进行评议并填写《国家自然科学基金项目同行评议意见表》，该表中有关项目质量的评审指标有两个，分别为"综合评价"和"资助意见"。有学者认为，将"综合评价"和"资助意见"作为两个不同的指标是重复设置（江虎军等，2008），在利用专家意见对项目进行评价时，可仅采用"综合评价"这一指标上的评议信息对项目进行评价，一些学部如信息科学部现行的做法支持了这一点。但也有不少专家和学者认为，"综合评价"和"资助意见"两个指标上的评议信息并不完全相同，在利用专家意见对项目进行评价时，"资助意见"上的评议信息也应发挥一定的作用，而一些学部现行的做法就是同时考虑了两项指标上的评议信息，例如管理科学部。本书采取同时考虑两个指标的方法，架构了科学基金立项评估框架，如图6-5所示。

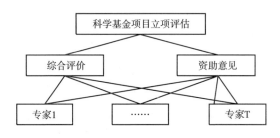

图6-5 科学基金立项评估框架

实际操作中，研究方向相同或研究问题类似的项目申请一般会被指派给同一组专家评议。一般每个项目要求选择3~5个专家进行评议。

6.4 科学基金立项评估信息表达
和专家意见综合处理

6.4.1 科学基金立项评估信息的表达和专家意见的综合处理方法

在通讯评审阶段，三个或以上评审专家在对项目的创新性、研究内容和工作基础等评议的基础上，给出综合评价和资助与否的意见。在综合处理阶段，由项目主任将通讯评审专家给出的评审意见简单量化成得分，并得出项目通讯评审结论。

评审专家意见的综合处理本质上是对多个专家针对同一项目的评议意见进行集结，这一方面要将各个专家定性的描述性意见转换成定量分值；另一方面要综合多个专家的意见得到总得分。目前基金委的具体实践方法主要可归为两类。

（1）将"综合评价"和"资助意见"量化成得分，并撰写通讯评审综合意见。以管理学部为例，赋予项目综合评价"差""中""良""优"的分值分别为1、2、3、4，而资助意见"不予资助""可资助""优先资助"的分值分别为0、1、2。将各个专家给出的意见赋值后，在两个指标上分别相加并除以专家数，所得两个平均数之和即为项目评价的总成绩。基于项目量化得分并考虑专家意见后，科学基金项目会被划分为A、A－、B、E、C、D六个档次，以确定能否进入会评阶段（陈晓田，2009）。

（2）仅利用"综合评价"这一指标。以信息科学部为例，赋予"综合评价"的评价等级"差""中""良""优"的分值分别为1、2、3、4，然后计算项目评审专家意见的算术平均数并将其作为项目得分，据此得分对项目进行排序分类。

6.4.2　科学基金立项评估信息表达和专家意见综合处理中存在的问题

国家自然科学基金现行的同行评议方法已实行多年，为科学基金项目的规范、公正评估选择起到重要的作用。然而，现行方法仍存在诸多缺陷，例如对多位专家评审意见的综合过于简单，量化信息过于粗糙（肖人毅和王长锐，2004；王雄和吴庆田，2007），将多个具有不同知识背景、经验的专家提供的评议信息一视同仁（张洪涛等，2013）。具体表现有以下三方面。

（1）评审专家的可靠性不同，所提供的评审意见的质量也不相同。一方面，评审专家的可靠性受其专业知识水平、经验、判断能力等客观方面的影响；另一方面，评审专家的认真严谨程度、责任心等方面也对专家的可靠性具有重要影响。在综合多个专家意见时，将多个具有不同可靠性的评审意见一视同仁，忽略了评审专家个体的差异，往往会产生不符合常理的结果。

（2）将评审指标评价等级赋值的方法较为简单方便，但在赋值的同时也确定了专家评定等级之间的数值关系，即评审意见之间的互补性。例如，两个"良"的得分之和与"优"和"中"的得分之和相等，但两种评价结果之间的含义往往不尽相同。因此，评价等级赋值方法的合理性值得商榷。

（3）在综合专家意见时，将每位专家的最终评定等级量化为得分，并加和平均后作为项目评价结果，项目仅能取有限个离散值。以管理学部为例，同时考虑"综合评价"和"资助意见"两个指标，当有效的同行评议意见表的个数为 5 时，项目可能的取值为：1，1.2，…，5.8，6，共计 26 个取值。若仅考虑"综合评价"这一指标，项目得分的可能取值只有 21 个。有效评议专家小于 5 时，相应的可能取值会进一步减少。因此，在项目得分为有限个离散值的情况下，当学科申请项目很多时，不可避免地会出现项目得分相同的情况，从而导致以项目得分大小为标准进行排序的方法往往无法区分多个项目的优劣。

另外，利用同行评议对科学基金项目立项评估时，评议专家信息的质量对科研项目的筛选结果具有重要影响。目前有利用项目评审表中的"熟悉程度"信息对专家进行区分，即对给出"熟悉""较熟悉""不熟悉"的专家不同的权重，进而综合各个专家的评估信息（周光中，2009；朱卫东等，2012）。然而，熟悉程度是由专家自己给出的，相当于专家的自评估，具有一定的主观性。如今的社会已经进入大数据管理时代，在构建专家数据库的过程中可以利用很多外围资源来服务。在合成专家意见过程中寻求一种较为客观的方法对评议专家进行区分，是本书重要研究的内容之一。

6.5　本章小结

本章首先概述了国家自然科学基金的资助体系及其重要性，并通过文献回顾对现阶段科研项目立项评估方法进行了梳理和总结；其次从定性方法和定量方法两方面进行了分析；最后着重介绍了其中的同行评议方法。现行国家自然科学基金采用的是通讯同行评议和会议评审相结合的方式。同行评议意见是项目评审的依据，为了保证评审过程的客观、公正、明确和具体，同行评议的结果需要项目评估组织者慎重考虑。

公正合理的科研项目立项评估与选择是国家自然科学基金管理活动的关键环节，因此，科学基金立项评审程序中通讯评审及评审意见的综合处理阶段十分重要，通讯评审是科学基金项目管理最重要的内容。在分析国家自然科学基金立项评估流程和科学基金立项评估的同行评议方法的基础上，本章重点集中在专家意见综合处理阶段，该阶段主要对多个专家对同一项目的评议意见进行集结，将各个专家定性的描述性意见转换成定量分值，并综合多个专家的意见得到总得分。

本书研究表明，现行方法在立项评估信息的表达和专家意见的综合处理等方面还存在诸多缺陷，主要表现有：对多位专家评审意见的综合过于简单，量化信息过于粗糙以及将多个具有不同知识背景、经验的专家提供的评议信息一视同仁的问题。

第 7 章

基于证据推理规则的科学基金
立项评估分析

本章基于前面国家自然科学基金立项评估方法的分析，进一步对基于证据推理规则的研发项目选择相关研究进行归纳梳理，并将证据推理规则引入科学基金立项评估中，在不改变现有同行评议表的基础上，构建基于证据推理规则的科学基金立项评估方法。

7.1 基于证据理论的研发项目选择研究

通过第 6 章中关于科研项目立项评估研究的讨论可知，尽管已经有了很多方法，但科研项目立项评估仍是一项极具挑战性的任务。为了解决科学基金项目立项评估的现实问题，利用定性的专家评估信息，描述专家意见存在的不确定性，获得合理的、可解释的定量结果，学者们引入了证据理论以描述专家评审意见并对其进行集结。

证据理论产生于 20 世纪 60 年代 Dempster（1967）在集值映射方面的工作，随后 Shafer（1976）对其进行了发展。信度函数是证据理论中最基本的概念，因而该理论也被称为信度函数理论。由于信度函数具有处理不确定或不完全信息的能力，以及 Dempster 合成公式具有积累证据并缩小假设集合的作用，近年来在信息融合、故障诊断、模式识别和决策分析等领域得到了广泛的应用（李文立和郭凯红，2010）。然而，由于 Dempster 合成的标准化过程可能会导致推理结果出现悖论，并且对各个证据一视同仁，从而使在利用证据理论处理现实的科研项目立项评估决策中出现了一些问题，受到了学者的广泛关注（朱卫东等，2012）。

然而，证据推理规则具有合成不同证据源的信息的能力，并具有解决以上科研项目立项评估中问题的能力。证据推理规则是基于证据推理方法（Yang and Xu，2002）和多属性决策的多源信息集结方法。证据推理方法已被应用到许多决策问题中，包含风险评估、企业管理、供应链管理和群决策（Kong et al.，2015；Liu et al.，2015；Wang et al.，2006a；Wang et al.，2006b；Xu，2012）等。Smarandache 等（2010）以及 Yang 和 Xu（2013）等学者指出，目前很多合成方法中，并未对信息源的权重和可靠性进行明确的区分。在证据推理规则框架下，权重用来表示一条证据相对于其他证据的重要程度，而可靠性是证据的固有属性。证据的可靠性表示信息资源的质量以及对给定问题提供正确评估的能力，它对决策的质量具有重要影响，而现有研究，例如文献张洪涛等（2013）利用原始证据推理方法合成专家意见时，仅考虑了权重对评审结果的影响。研究证明：（1）当每个证据都完全可靠的情况下，D-S证据合成规则是证据推理规则的一个特例。（2）当证据的可靠性等于其归一化的权重时，原始证据推理方法也成为证据推理规则的特例（Yang and Xu，2013、2014）。作为基本证据推理方法的扩展，证据推理规则将对一个评价问题的评价集定义为识别框架，利用一定的证据信度函数获取方法赋予识别框架中各个元素一定的信度，然后根据各个证据的重要性和可靠性，对各个证据进行折扣，能很好地集结具有不同权重和不同可靠性的多个证据。

按照证据理论中不确定推理决策流程，即：（1）证据信度函数的生成；（2）证据组合与推理；（3）证据决策的顺序对证据理论在科研项目立项评估中的既有研究成果进行总结。

7.1.1 证据信度函数生成方法

采用证据理论进行科学基金立项评价时，首先需要利用信度函数表征专家意见。信度函数是证据理论中用于表示不确定性信息的工具。在描述含有"不知道"或"不确定"这类不确定信息时，相较于概率理论中仅在单子集构成的基本事件空间上分配概率，信度函数能在识别框架命题的幂集空间对事物进行描述，从而精确地表达不确定的信息。对概率论中基本事件空间中的事件，可以使用统计的方法确定概率的大小，但是如何确定证据信度函数目前仍没有一个统一的方法，仍然是一个有待解决的问题（邓勇和韩德强，2011）。

现有科学基金项目立项评价方法，通常仅允许专家在评价项目时给出单一评价等级的意见。肖人毅和王长锐（2004）认为，该方法存在无法描述不完全信息的问题，应当选择一个或两个相邻的等级，并给出各自的优属度（其和不大于1）。而朱卫东等（2012）利用专家对项目研究领域"熟悉程度"的信息，构建了两维语义证据并以（评价等级，熟悉程度）的方式表征，以问卷调查的方式获取了专家共识基础上的"两维语义信息"到"一维评价等级上隶属度分配"的映射关系，以此获取基于两维语义的证据信度函数。Liu 等（2017、2019）利用模糊数学中的隶属度函数概念，直接赋予评审专家选择的某一评价等级的可信度值为1，探讨了基于证据推理规则的证据信度函数的生成方法。

上述学者的方法对丰富科学基金立项评审信息的证据信度函数获取方法起到了重要的作用，但也存在着一些局限。由专家在一个或者两个相邻等级给出优属度的方法能够有效解决不完全信息的问题，然而这会增加专家的工作量。另外，专家往往难以给出精确的基本概率分配。Miller（1956）发现，在评价时最多能够区分7（±2）个等级（seven-point rating scales），若让专家直接给出各评价等级的隶属度分配实质上增加了评价的刻度，会超出其认知的能力，导致方法不可行。举例来说，假设让一个专家来判断某个项目的优劣，较容易实现的是从"优""良""中""差"四个等级中选择一个，而让他作出属于某一等级的概率具体是多少的判决是相当困难的。

另外，采用"问卷调查"方式获取的两维语义映射关系，在一定程度上存在"霍桑效应"（Mccambridge et al.，2014），即在专家有意识的情况下获取其信度函数的规则，会与真实评价时的偏好存在一定偏差。因此，在现有科学基金立项评估背景和研究的基础上，进一步研究如何有效表征专家评审信息，具有一定的科学价值和现实意义。

7.1.2　意见综合

证据推理方法（ER approach）是 Dempster 合成法则的拓展（Dempster 合成法则成为证据推理方法的一种特例），科学基金立项评价普遍存在冲突专家意见的情况，利用证据推理方法可以解决 Dempster 合成法则合成冲突意见时结果不合理的问题。为了在合成过程中体现证据源具有不同的重要性问题，有学者提出基于专家提供的"熟悉程度"来测量专家对给出评估信息过程的自评估，将之作为证据源的权重对证据的初始置信度进行折扣，并采用证据推理方法对折扣后的信度进行合成（张洪涛等，2013）。

Yang and Xu（2013）提出的证据推理规则进一步拓展了证据推理方法，使证据推理方法成为证据推理规则的一个特例，在科学基金立项评估问题中，可靠性的信息可以被利用，从而获得更为合理的结果。在证据推理规则框架下，证据的重要性和可靠性的含义不同（Zhou et al.，2018；Fu et al.，2015）。在科学基金立项评估问题中，专家意见可靠性应当作为证据的客观属性，在合成中被考虑。举例来说，两个项目同时获得了"优"和"差"的评估，但其中一个项目给出"优"意见的信息源可靠性较高，"差"的信息源可靠性较低。另一个项目则相反。依据已有的信息，一般认为，第一个项目优于第二个项目。若决策中不考量信息源的可靠性，将产生不符合常理的结果（Liu et al.，2017）。如何衡量证据的可靠性并在合成中加以有效利用，有关这方面的文献目前还不多见，因此，本书将对其进一步展开研究。

在证据信息合成的研究中，决策专家的专业知识水平、经验、判断力、认真严谨程度及责任心等方面的差异决定了不同专家的可靠性有差异，如何衡量证据的可靠性并在合成中加以有效利用，给现有证据合成方法提出了新的要求。

7.1.3 决策方法

目前科研基金项目立项评审结果采用评分制。在同行评议的基础上通过定量的分数表达，而后综合评议人的意见，根据综合后的得分排序并决策。目前的研究也都是基于对评价等级的定量分数表达，将综合专家意见结果转化成得分作为项目评议结果（肖人毅和王长锐，2004；张洪涛等，2013；朱卫东等，2012；张洪涛和朱卫东，2010）。另外，肖人毅和王长锐（2004）根据合成结果中包含的不确定信息，即全集的基本概率分配的值，将项目分为两类：对于信息基本完全的项目，根据项目的总得分大小对项目排序；对于信息不够完全的项目，根据确定的项目特征值选取非共识项目。

将语言评价等级量化成分数，并据此得出项目评议结论的方法简单直观，但存在以下问题：一是语言评价等级赋值的合理性。将各个专家给出的项目综合评价等级进行赋值，实际上确定了专家意见之间的数值关系。如将优良中差分别赋值为4、3、2、1，则获得专家意见"优"和"中"的项目将与获得两个"良"的项目在分值相加后得分相等。这一分值与两个项目的真实价值是否匹配值得商榷。二是基于评价等级对应分值得到的综合得分，作为项目评议结果，所能提供的决策支持有限。评定等级经综合处理后的量化值是1~5的整数，综合后的平均分只能取有限个离散值，会产生项目得分相同的情况，从而导致从得分上无法区分多个项目的优劣。

在合成各个专家意见后，需要综合项目在"资助意见"和"综合评价"两个基础评价指标上的信息，此时面临不同指标证据合成的问题，现有研究中利用单一指标上的信息进行决策或采用科学基金对语言评价等级赋值后将两个指标上得分相加的做法，均是在对语言评价等级赋予一定分值的情况下完成的。因此，引入证据理论后，如何对多指标上的信息进行合成并进行有效决策，这一问题具有重要探索价值和现实意义。

7.2 基于证据推理规则的立项评估理论分析

7.2.1 基于证据推理规则的科学基金评议信息的逻辑关系

对于群体专家在多个指标上提供的具有不同评估指标的信息，根据先合成多指标上的意见还是先合成多专家的意见，可分为两种集结策略：一种是先将具有不同识别框架的基础指标转化到总识别框架上，在此基础上分别将每个专家在两个指标上的信息进行集结，再将多个专家的意见进行合成；另一种是分别在各个基础指标上先将多个专家的意见进行集结，然后将在基础指标上集结后的信息向总识别框架上进行一致性转换，再将多个基础指标上的意见综合到总指标上并量化分析。为了便于与现行的方法进行比较，本书均采取后一种方法即先集结多个专家意见后综合多指标意见的方法对科学基金立项评估问题进行分析。基于证据推理规则的科学基金评议信息的逻辑关系如图 7-1 所示。

每条证据都有其权重和可靠性，值得注意的是，目前很多合成方法并未

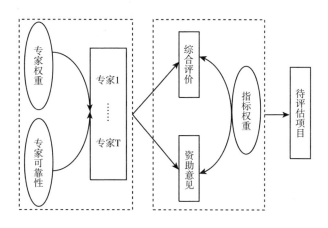

图 7-1 基于证据推理规则的科学基金评议信息的逻辑关系

明确将权重和可靠性进行区分。在证据推理规则框架下，权重用来表示证据与其他证据相比的相对重要性，而可靠性是证据的固有属性，与其他证据无关。因此，在将一条证据与其他证据进行合成时，主要需要考虑三部分内容：信度分布、权重和可靠性。

在科学基金立项评估的背景下，申请项目一般由多个专家进行评估，每个专家均填写同行评议表，评议表中与项目质量有关的指标有两个，即"综合评价"和"资助意见"。在单个指标上合成多个专家意见时，需要考虑每位专家提供信息的可靠性和重要性。将合成后的证据进一步在多个指标上合成时，我们仅考虑指标的权重。

7.2.2　证据推理方法的综合评价过程

证据推理规则为解决不确定多指标群决策问题提供了一种综合评价技术。它利用专家在基础指标上提供的信息并将其以一定的信度映射到评价等级上，将此信度函数作为证据，同时考虑专家权重和可靠性，对多个专家意见进行综合。基础指标综合后的评价值可看作上一层指标上的新证据，考虑基础指标的权重，进而完成多层次的指标综合。这样，就将多指标群决策问题的解决转化为求解具有权重和可靠性参数的基于证据推理合成法则的综合评价方法。基于证据推理规则的基本评价与推理模型如图 7 - 2 所示。

在模型中，假设有 T 个专家 $e_t(t=1,2,\cdots,T)$ 对备选方案（申请项目）$a_l(l=1,2,\cdots,L)$ 按照总指标参照总评价等级 $H=\{H_n,n=1,\cdots,N\}$ 评价其优劣。按照评估问题的性质，总指标又具体分解为 K 个基本指标 $C_k(k=1,2,\cdots,K)$。考虑专家的权重和可靠性信息，将多个专家在某个基本指标上对项目的评价值 $S[e_t(a_l)]$ 合成为项目在某基本指标上的总评价值 $S[C_k(a_l)]$。一般地，定性的基本指标的评价等级 $H^k=\{H_{n,i},n=1,\cdots,N_i\}$ 与总指标的评价等级不同，需要将 H^k 转换为相对于 H 的指标评价值。而后将各项目的基本指标评价值合成为总指标评价值 $S[y(a_l)]$，最终采用适当的决策规则对各个项目排序并进行资助决策。

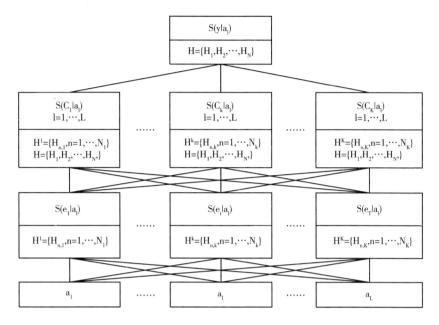

图 7 - 2　基于证据推理规则的基本评价与推理模型

7.3　基于证据推理规则的科学基金立项
评估关键问题分析

多个专家依据基金委提供的共同的评价标准，对不同的项目依据自身的知识和对评价标准的主观价值判断，形成最终的评价结论。由于基金项目本身的复杂性和不确定性以及同行专家知识与评判能力的局限性，专家意见往往存在偏差和冲突。证据推理理论能够处理"不确定"和"不知道"两类不完全信息的问题，同时证据推理规则的合成公式为融合多个评议专家的意见提供了理论依据。引入证据推理规则作为解决上述问题的基础理论，研究基于证据推理规则的多指标专家群决策方法，解决以下四个关键问题：评议专家意见的表示；专家权重和可靠性及指标权重的确定；多个评议专家在多个指标上评议意见的集结；决策规则的选择。

7.3.1 评议专家意见的表示

待合成证据反映了数据对不确定性信息的表现形式和表示程度，是对命题不确定性的描述基础。基于证据推理规则的立项评估，首先要从多源信息中提取评估信息，选择评估的特征参数作为识别框架，建立信度函数；其次运用一定的合成法则对其进行运算；最后根据合成结果判定立项结果。

信度函数作为立项评估的待合成数据，包含多源证据信息，可以由专家直接给出，也可以根据多源信息数据计算生成。前者较为方便直观并易于实现，但易受主观因素的影响。后者客观程度较高，便于分析与调节，但受数据可得性的限制。本书分别根据这两种获取证据信度函数的方法进行研究。

7.3.2 专家权重和可靠性及指标权重的确定

证据推理规则中信度函数有两个关键的运算，即折扣运算及证据推理合成规则。证据折扣运算是指在知道某些不确定因素的先验信息时，把它加入证据的信度分配函数中，通过将先验信息转化为折扣因子对信度分配函数进行修正，最终经证据推理组合规则完成证据融合。该方法的重点是计算折扣因子，由于证据的来源不同，相应的证据理应具有不同的重要性和可靠性。

在基金立项评估决策中，由于各个基础指标对上层指标的贡献不尽相同，因而基础指标具有不同的重要性。在专家对项目进行评估时，由于不同的专家所具有的知识、经验和偏好的不同，其可靠性也不相同（龚本刚，2007）。此时，证据源被赋予不同的权重系数和可靠性系数，并作为折扣因子在合成各种证据源时体现，以提高证据合成的精确性。

证据的重要性反映决策者对于证据的主观认知和偏好，而可靠性反映证据有为当前评估问题提供正确、有用信息的能力。权重的确定方法有许多种，大致可分为两类：一类是主观赋权法，由决策者给出偏好信息或由专家（决策者）或知识库直接给出属性的权重；另一类是客观赋权法，主要基于决策矩阵确定权重，例如主成分分析法、熵法和多目标最优化方法等。已有的基于证据推理规则的可靠性研究中，明确了权重和可靠性是两个不同的概念，指出证据推理规则能有效处理证据的重要性及可靠性（Chen et al.，2015；柯小路等，2016；徐晓滨等，2015）。徐晓滨等（2015）从传感器误差以及故障特征对各故障类型辨别能力的差异出发，给出物理意义明确的诊断证据可靠性获取方法。已有研究虽然对证据的权重和可靠性进行了区分和探讨，但没有就实际决策环境下如科学基金项目评估中证据可靠性的度量进行系统的探讨。

在多个专家意见合成阶段，科学基金对评议专家意见的重要程度的判断可依据专家对项目内容的熟悉程度、专家的信誉、专家保守程度等因素（王东鹏，2014），而对专家的可靠性的判断可根据其历史评审绩效信息。

在多个专家意见合成阶段，专家的可靠性的判断可根据专家历史评审绩效信息、对项目内容的熟悉程度、专家的信誉以及专家保守程度等因素进行。

7.3.3　基于证据推理规则的多属性多专家意见合成方法

科学基金立项评估是一种特殊的群体决策过程，它区别于一般群决策的一个显著特点是，不同的专家具有不同的知识结构、背景和经验，不同的专家在立项评估决策过程中的地位和作用是有差异的。对专家评议意见进行有效集结时需要考虑评议专家的重要性和可靠性，并将其结果作为修正系数对各个专家的评价意见进行修正，进而合成多专家意见。另外，科学基金立项评估也包含了多个评估指标，在多个指标上的意见合成则需要考虑各个评价指标的权重。由于证据推理规则在处理具有不同权重和可靠性的证据时具有独特的优势，因而可利用证据推理规则的合成公式将转化成证据体的专家意见进行合成。

7.3.4　决策规则的选择

递推使用证据推理规则的合成过程，可完成所有项目、所有评议专家以及所有指标对综合评价等级总的信度评价。收集所有评估信息（证据）并加以处理，在形成群体专家综合评价结果之后，需要选择合适的决策规则对项目进行立项选择。决策规则对于任何一个不确定推理系统来说都是不可缺少且至关重要的。由于决策问题的复杂性，以及信息的不确定、不完全与先验知识的缺乏，当多源信息融合模型的结果呈现为信度分布（或信度区间）且识别框架 θ 的信度不为零时，决策主体需要依据一种或几种规则进行决策以得出最终结论。科学合理的决策规则有助于形成科学的决策、减少计算量并有效地规避决策风险。实际上，选取一个有效的决策规则是相当复杂的，不同的决策规则可能会形成不同的决策结果。

对于命题间有优先等级之分的决策，需要利用多属性效用理论进行决策（付艳华，2010）。由于信息的不精确性及不完全性，使等级命题间无法衡量优劣，假如在识别框架 $\theta = \{H_1, H_2, H_3, H_4, H_5, H_6\}$ 上，对两个项目的综合评价结果为 $S[y(a_1)] = \{(优, 5\%), (良, 90\%), (一般, 5\%)\}$，$S[y(a_2)] = \{(良, 98\%), (一般, 2\%)\}$，由于不同的等级具有不同的效用，采用基于证据信任结构的决策规则很难比较两个项目的优劣，这时，可采用基于期望效用的决策方法对不同等级产生的综合期望效用值进行比较，以决定方案的排序与决策。

7.4 基于证据推理规则的科学基金立项
评估逻辑框架

本节分析不同证据信度函数获取方法下两种基于证据推理规则的科学基金立项评估逻辑框架，即基于统计数据证据获取的科学基金立项评估逻辑框架和基于专家主观判断的科学基金立项评估逻辑框架。基于统计数据证据获取的科学基金立项评估通过样本数据反映的专家评估信息与资助结果之间的映射关系来表示证据，进而对专家评议信息进行合成；基于专家主观判断的科学基金立项评估通过对专家提供的语言评议等级直接赋予信度，并将不同基础指标上的信息转化到公共识别框架上，以进一步合成指标信息。前者适合有足够样本数据以获取证据信度函数，而后者则可直接获取信度函数，但多指标合成之前需将不同指标上的评价信息转化到统一的识别框架上，具体的评估模型和决策方法分别在后面几章进行介绍。

7.4.1　基于统计数据证据获取的科学基金立项评估分析

当有大量实验数据可以分析专家语言评价等级与项目最终是否资助之间的映射关系时，信度函数的获取可依据数据映射结果给出，此时的科学基金立项评估的逻辑框架如图 7 - 3 所示。

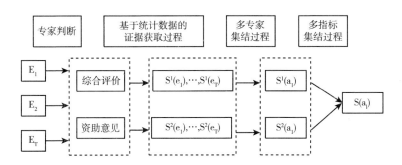

图 7 - 3　基于统计数据证据获取的科学基金立项评估逻辑框架

如图 7 - 3 所示，首先通过专家对项目作出判断，获得原始语言评估等级。而后将专家在指标"综合评价"和"资助意见"提供的语言评价等级分别映射为项目最终资助结果，即 ｛资助，不资助｝ 这两个语言等级上的信度；其次利用证据推理规则分别进行多专家意见和多指标意见合成，得到群体专家多个指标的综合结果。

7.4.2　基于专家主观判断的科学基金立项评估分析

当无法获得实验数据反映专家直接等级语言评价的信度函数关系时，信度函数的获取依据专家主观判断，此时的科学基金立项评估的逻辑框架如图7－4所示。

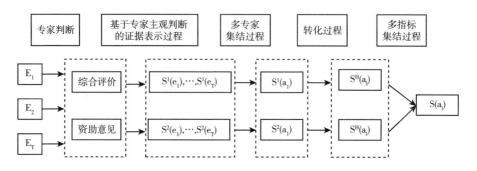

图7－4　基于专家主观判断的科学基金立项评估逻辑框架

如图7－4所示，在通过专家判断获得原始语言评估等级的基础上，首先将专家在指标"综合评价"和"资助意见"提供的语言评价等级分别直接赋予各个等级的信度值为1。其次利用证据推理规则分别在各个指标上合成群体专家的意见。由于各个指标的识别框架不同，所有指标合成后的结果需采用某种方法将其转换到公共识别框架上才能进行下一步的合成。最后利用证据推理规则将各个指标转化后的结果综合，得到群体专家多个指标最终的综合结果。

若需要对备选方案进行排序，用信度函数表示的形式可能无法直接对项目进行对比。在这种情况下，需要把信度函数表示成与其等价的数值。期望效用的概念可用来定义这一数值。

7.5　本章小结

本章首先按照证据理论中不确定推理决策流程，即：（1）证据信度函数的生成；（2）证据组合与推理；（3）证据决策的顺序对证据理论在科研项目立项评估中的既有研究成果进行了总结。其次在不改变现行评审方法的基础下，从多源信息合成的视角，研究基于证据推理规则方法的基金立项评估问题。从信息合成的视角来看，科学基金立项评估问题的本质是在获取多源评估信息的基础上，对其进行多层次的综合处理，更加客观地反映评估决策的过程，进而得到比传统证据理论更系统、更准确的决策结论。再其次分析了基于证据推理规则的多指标专家群决策方法要解决的四个关键问题，主要包含评议专家意见的表示、专家权重和可靠性及指标权重的确定、多个评议专家在多个指标上的评议意见的集结和决策规则的选择。最后给出了两种不同证据信度函数获取方法下基于证据推理规则的科学基金立项评估的逻辑框架。

基于统计数据证据获取的科学基金立项评估方法及其应用

本章通过分析总结贝叶斯方法和证据推理规则的推广，利用贝叶斯推理中似然函数与证据推理规则中信度函数的关系，提出一种新的语言评价信息的证据信度函数获取方法。针对现有的语言决策信息集结过程中未能反映和处理评价信息可靠性的问题，提出一种基于专家历史评价信息的可靠性度量方法。在将语言评价信息表示为证据体和考虑其可靠性的基础上，构建了基于统计数据证据获取的科学基金立项评估决策模型。应用国家自然科学基金项目的立项评估实例验证了所提出方法的可行性和有效性。

基于统计数据且用于项目评估和选择的证据推理规则模型能够：（1）利用实验数据，通过使用最终资助结果集的信度分布来表示专家的评价，并通过此历史统计数据帮助评审专家和项目申请人了解给定评价等级的资助概率；（2）通过使用历史数据反映评价等级和最终资助结果之间的映射关系；（3）提供一种通过考虑专家的可靠性来作出公平决策的方法。在基于统计数据的证据推理规则模型中，专家根据其先前评审记录确定的可靠性发挥不同的作用，使选择过程更具解释性和公平性。新提出的模型减少了管理人员和专家耗时的会议评审工作，显著提高了项目选择过程的效率和质量。另外，虽然本章仅验证了该模型在国家自然科学基金项目评选的有效性，但它也可以推广到其他资助机构或行业。

8.1　引　　言

随着科学技术的飞速发展，研发项目的选择问题变得越来越重要（Arra-tia et al.，2016；Pinheiro et al.，2016；Santamaría et al.，2010）。许多国家建立了专门的科研资助机构，并设计了评估和选择项目的正式程序。研发项目的评估和选择是科研资助机构的一项重要任务（Karasakal and Aker，2017；Silva et al.，2014；Tang et al.，2017）。作为典型的多准则决策分析问题，在选择过程中往往需要使用定性信息。不同专家的评价具有不同的权重和信度，这对项目选择的决策分析有显著影响。由于备选方案数量的激增、研发项目本身的性质，以及参与选择过程的专家的主观判断，对于机构来说，作出合理且信息丰富的项目出资决策变得尤为关键和具有挑战性（Tavana et al.，2013）。

研发项目的评价与选择是一个复杂的多准则决策过程（Chiang and Che，2010；Eilat et al.，2008），决策者必须确定应选择哪些新提案进行下一步实施。为了使决策过程透明和一致，科研资助机构倾向于遵循结构化、正规化的决策过程，并以一致的方式选择项目（Huang et al.，2008）。

研发项目选择过程可以通过七个步骤进行，即征集提案、提交提案、验证提案、同行审查、评价汇总、小组会议审查和最终决策（Feng et al.，2011；Silva et al.，2014；Zhu et al.，2015）。Silva 等（2014）的研究表明，当前的研发项目选择方法要么是自动化工作流程，要么是仅分析提案汇总、评审人分配和项目组合评价等活动。而研究较少集中在研发项目选择的汇总方法上（Liu et al.，2017）。评价信息的汇总是研发项目选择过程中的关键步骤之一。在这一步骤中，管理者根据规则和政策，以及专家对项目的评价，发布项目的综合评价结果。这一步骤包括汇总多个专家对多个评价标准的评价，这对最终决策至关重要。在汇总专家的评价时，主要需要考虑三个要素：以合适的形式表达专家的评价信息、衡量其权重和可靠性以及处理相互矛盾的评价，这三个要素应根据具体情况加以不同处理。

为了处理评价汇总问题并综合考虑上述三个要素，本书提出了一种基于证据推理规则的统计数据推理模型，用于支持基于群体的项目选择决策（Yang and Xu，2013、2014）。证据推理规则构成了一个通用的连续概率推理过程，具有能够合理处理高度或完全矛盾证据的特点。本章提出的基于统计数据的推理模型包括以下两个主要部分：一是基于似然函数的证据采集，用于处理专家的主观判断（定性信息），并将其转化为多个证据；二是利用证据推理规则，生成由多个专家、多个指标汇合的信息。

本章的其余部分如下。第 8.2 节我们回顾了现有的文献；第 8.3 节主要给出了基于统计数据的证据获取步骤；第 8.4 节为基于统计数据证据获取的科学基金立项评估决策方法；第 8.5 节为决策步骤与举例说明；第 8.6 节和第 8.7 节介绍了国家自然科学基金（NSFC）研发项目选择的案例研究，并对评估结果进行了分析和介绍；第 8.8 节是小结部分，主要总结和讨论了本章的研究成果。

8.2　文献回顾

8.2.1　同行评议面临的挑战

同行评议被广泛认为是研发项目选择的关键，多年来在实践中有着广泛的应用。尽管同行评议很重要，但它因各种偏见和造成不公平的结果而受到强烈批评。同行评议的相关研究证实，评价可能会受到各种偏见的影响，包括学术偏见和认知偏见（Langfeldt，2006）。Chubin and Hackett（1990）的研究认为，同行评议的结果可能会受到任人唯亲和科学纷争的影响。机构特殊主义（institutional particularism）会导致同行评议的不公正结果，例如，当评审人来自与待评审提案类似或类似类型的机构时，由于制度相似性，他们往往会倾向于支持该方案（Travis and Collins，1991；Luukkonen，2012）。此外，由于乐观主义偏见，评估意见可能会被夸大，因为一些专家可能会出于各种原因在他们的评价过程中过于宽松（Wang et al.，2005）。

除了偏见，评估还会受到其他因素的影响。例如，专家有限的认知视野和各种研发项目的内在特性使选择过程更加困难，因为没有一个专家能够完全理解所有提交的备选方案（Wang et al.，2005）。不同专家提供正确评估的能力可能差异很大。由于专家提供有价值评估的能力不同，如果同等对待他们的评估意见，最终综合评估的资助结果可能会偏离专家的实际意图。

与其通过外部或制度约束来避免这些问题，不如在使用同行评议时，通过考虑一个更重要的问题加以解决：在选择过程中可以考虑用可靠性衡量评价质量。重要的是确定哪些评审专家能够提供可靠的评审意见，因为可靠的评审应该能改进关于资助哪些项目的资助决策，并且应该帮助改进最终获得资助的项目。从这个角度来看，为了提高可靠性，专家们必须保持客观，尽量提出高质量的建议，从而使评价过程可靠、公平。

8.2.2　立项评估方法研究

在过去的几十年里，各种分析方法和技术已经发展起来，以更好地支持研发项目选择决策，主要分析方法包括定性审查到定量数学规划。Baker and Freeland（1975）、Jackson（1983）、Henriksen and Traynor（1999）、Poh 等（2001）、Meade and Presley（2002）等学者对 R&D 项目评估和选择方法进行了比较研究。此外，研究人员采用的研发项目评价方法也不尽相同，主要包括数学规划（Badri et al.，2001）、决策支持系统（Tian et al.，2005）、模糊多属性决策方法（Wei et al.，2007）、网络分析法（Jung and Seo，2010）、数据包络分析（Ghapanchi et al.，2012；Karasakal and Aker，2017）和人工神经网络（Costantino et al.，2015）。Feng 等（2011）和 Tavana 等（2015）使用综合方法，将 AHP、评分和数据包络分析等多种方法结合起来支持研发项目的评估决策。

通常的方法存在许多缺陷，从方法学的问题（如不确定性的处理）到整个方法更根本的问题（Liu et al.，2017）。例如，层次分析法存在"排序反转问题"的缺陷，专家也可能面临大量两两比较的严峻挑战（Poh et al.，2001）。此外，大多数研究集中在对方法的作用机制进行描述，或基于研发项目的特点分析其优势和弱点（Hsu et al.，2003；Poh et al.，2001）。上述方法不能处理来自主观判断的不确定性，可能会忽略组织的决策过程（Schmidt and Freeland，1992）。采用这种理想化的基于愿景的模型需要组织改变他们目前作出项目选择决定的过程。很少有人的研究能够在现实世界中的研发项目选择上获得广泛认可（Tian et al.，2005）。

8.2.3　基于证据推理规则的立项评估方法研究

证据推理规则用于将多个独立证据进行合成，并且在合成过程中将权重和可靠性相结合。证据推理规则是基于证据理论（shafer，1976）、证据推理算法（Xu，2012；Yang and Singh，1994；Yang and Xu，2002）和决策理论的新发展。当组合两个独立的证据时，ER 规则既考虑了个体支持度的有界和，又考虑了假设的集体支持度的正交和，它构成了一个通用的联合概率推理过程（Yang and Xu，2013、2014）。在正交和运算的基础上，ER 规则具有内在的结合性和交换性，可以用来合成任意次序的多个证据。

在证据推理规则中，识别框架是由一组相互排斥且详尽的假设集合定义的。一个证据可以用识别框架的幂集上的信度分布（BD）来描述，其中，基本概率不仅可以分配给单一假设，而且可以分配给它们的任何一个子集。BD是传统概率分布的自然推广，其基本概率仅分配给单一假设。研究表明，如果对样本数据产生的似然率进行归一化以获得证据推理框架中的基本概率，则证据推理规则等价于贝叶斯规则（Yang and Xu，2014）。等价意味着贝叶斯推理可以在证据推理范式中精确而对称地进行，在证据推理范式中，每一个证据都以对应的概率分布形式进行描述。Zhu 等（2015）和 Liu 等（2017）使用证据信度分布来表示评估信息，并使用证据推理规则来组合多个评估证据。

研究结果表明，考虑到权重和可靠性，证据推理规则是一种理想的多指标绩效评价工具。研究资助机构的研发项目选择要求评价标准和选择过程有一致性，而传统的项目选择可以单独进行。在 Zhu 等（2015）和 Liu 等（2017）的研究基础上，本书将探索一种新的信度分布获取方法，因为使用一致的选择过程和拥有大量的评估意见使收集实验数据以生成信度函数成为可能。由于研发项目的评价通常由具有主观判断的专家进行，因而可以使用实验数据获取证据来代表专家的评价。这样既可以利用真实的实验数据，又可以利用专家的评价来支持研发项目的选择。证据推理规则使用信度函数来建模各种类型的不确定性，并使用推理规则来合成信息，在这种情况下，相互冲突的证据可以组合在一起。因此，本书运用专家评价意见合成的方法，对项目进行客观、正确的评价。

8.3　基于统计数据的证据获取步骤

通过证据推理规则与贝叶斯规则的关系分析中的算例分析，我们能够利用样本中的信息，将专家的语言评价等级表示为项目资助结果集合上的信度函数。这种方法可以反映出专家给出的语言评价信息与项目评价结果的对应关系，证据表示的方式较为真实和直观。此过程可以描述为以下四个步骤。

（1）收集整理评议专家的实验数据或样本信息。

（2）用收集的样本数据构造似然函数。

（3）利用式（3.10）计算评议专家的信度函数矩阵。

（4）根据专家给出的对某个项目的语言评价等级，提取相应的信度函数。

由于评估问题的复杂性，往往需要从不同的方面即多个指标对问题进行分析，同时，参与决策的专家人数也随之增加。对于多指标问题，可利用数据对每个指标上的语言评价等级建立与假设空间中的元素对应的映射关系。对于不同的专家，可收集各个专家的实验数据，以建立反映每个专家特征的语言评价等级的证据信度函数获取方法。在单个专家数据有限的情况下，可利用群体专家综合样本中反映的信息来表示个体专家的意见。

8.4　基于统计数据证据获取的科学基金立项
　　　评估决策方法

在群体评估决策过程中，一般由专家分别给出各自的语言评价信息，不同的评估专家由于其知识、经验的局限，给出的语言评价信息可靠性不同。然而，在对群体专家给出的语言评价信息进行合成时，未能反映评估专家所给出语言评价信息的可靠性，从而无法反映和处理关于语言评价信息质量的可靠性对合成结果的影响。因此，如何在合成过程中反映群体专家给出语言评价信息的质量，度量评价信息的可靠性并使其在合成中有效影响合成结果，是一个重要的科学问题。

8.4.1　语言评价信息的表示

在科学基金立项评审问题中，申请项目评估结果的可能种类的集合称为假设空间，可以抽象地表示为一个有限集合。这个集合是确定的，包含两个元素，即资助和不资助，因此，该假设空间的识别框架即公共识别框架可确定为 $\theta = \{\theta_1, \theta_2\} = \{$资助,不资助$\}$。

在基金委的评审系统中积累、记录了各个评议专家大量的历史评审数据，并且每个评议专家个体的决策结果都是可验证的。首先假设每个专家都有足够的评审经验，我们可以得到如表 3－2 所示的统计数据。其次根据这些数据计算出每位专家在假设空间中每一类型（资助、不资助）条件下某一评议等级（如优、良、中、差）的条件概率，即似然函数。最后由式（3.10）给出的信度函数和似然函数之间的关系，可以计算出信度函数并将专家的语言评议信息表示为证据信度函数。

假设某专家的历史评估统计数据如表 3－2 所示，若该专家对某项目申请评价为"优"，则根据〖算例 3.1〗中的似然函数和信度函数的结果，该专家给出的语言评议等级可等价地表示为：$\{(\theta_1, 0.8219), (\theta_2, 0.1781)\}$。这意味着基于该专家的评议信息，此项目申请被资助的概率为 82.19%。

8.4.2　权重和可靠性的度量方法

8.4.2.1　权重的确定方法

在评估决策过程中，一般由评议专家对各个指标给出评价信息，再根据这些评价对申请项目进行排序。因此，确定每个专家和每个指标的权重是决策过程中的一个重要步骤。针对权重的确定问题，已有很多文献进行了研究，这些方法大致可分为三类：（1）主观赋权法。它是一种由专家或决策者根据自身的知识和经验而直接给出偏好信息的方法。主要有专家调查法、层次分析法、直接打分法、判断矩阵法和基于模糊数学的方法（如三角模糊数定权法）等（Bottomley and Doyle，2001；Rao and Davim，2008；蔡雷，2004）。（2）客观赋权法。它是一种利用客观信息而不依赖于人的主观意识来确定权重的方法。主要有熵值法、离差最大化方法、线性规划法、主成分分析法等（Rao and Patel，2010；Shanian and Savadogo，2009；王祖俪等，2016）。（3）主客观综合赋权法，也称为组合赋权法。它是一种将主观权重与客观权重综合起来的方法。现有的权重融合方法主要有基于最小二乘的线性组合法、乘法合成归一法等（Jahan et al.，2012；Xu，2004；宋冬梅等，2015）。

以上三种赋权方法各有特点，丰富了多属性群决策问题的研究，在解决实际决策问题时也具有一定的应用价值。一般来说，对于同一个多属性群决策问题，运用不同的赋权方法，所得到的权重信息甚至决策结果均有可能不同。考虑到现实生活中决策问题的复杂性，权重的确定可根据特定问题的特点，结合可行性选择合适的赋权方法。

8.4.2.2　基于专家历史评价信息的可靠性度量方法

由于专家的知识背景、经验和判断能力的差异性，所提供的评价信息反映项目实际科研水平的程度可能有差异，这种差异可表达为评价信息的可靠性。可靠性可利用专家历史评价决策的准确性来表示，由于专家评估的最终结果分为资助和不资助两种，因而专家的可靠性也分为两种情况，即分别用专家给出资助意见时的准确率和专家给出不资助意见时的准确率表示。设TP 为建议资助并实际资助的项目数；FP 为建议资助而实际没有资助的项目数；FN 为不建议资助但实际资助了的项目数；TN 为区分出来实际没有资助的项目数。本书构造了如表 8 - 1 所示的混淆矩阵（Provost and Kohavi，1998），根据混淆矩阵可进一步定义专家提供的评价信息的可靠性。

表 8 - 1　　　　　　　　　科学基金项目评价信息可靠性的混淆矩阵

类别	实际资助	实际未资助
建议资助	TP	FP
建议不资助	FN	TN

总体准确度：$R = \dfrac{TP + TN}{TP + FP + FN + TN}$　　　　　　　　　　　　　　　(8.1)

"资助"决策时的评价信息可靠性：$R_{TP} = \dfrac{TP}{TP + FP}$　　　　　　(8.2)

"不资助"决策时的评价信息可靠性：$R_{TN} = \dfrac{TN}{TN + FN}$　　　　　(8.3)

根据历史评审记录，若一专家共评价项目 20 项，给出"资助"决策 5 个，"不资助"决策 15 个，其中，"资助"决策和实际结果一致的个数为 2，"不资助"决策时一致的个数为 12。根据式（8.1）至式（8.3）可得到专家评估的总体可靠性 $R = 0.7$，"资助"决策时的可靠性 $R_{TP} = 0.4$，"不资助"决策时的可靠性 $R_{TP} = 0.8$。当专家参与当前科学基金项目评估时，给出"资助"意见的情况下，其可靠性参数值可定义为 0.4；反之为 0.8。专家提供的评价信息的可靠性并非一成不变，而是会随评审项目数的变化进行动态调整。

8.4.3　基于统计数据证据获取的科学基金立项评估模型构建

通过历史数据积累或实验的方式，得到评议专家提供信息与资助结果之

间的映射关系，并将评议信息表示为资助结果集合上的信度函数，即证据
体。然后根据上节中的可靠性度量方法，综合考虑专家的权重，利用证据推
理规则在每个指标上对群体专家意见进行合成。群体专家意见合成之后，再
对多个指标上综合后的意见进行合成。综合评价信息可靠性的基于统计数据
证据获取的科学基金立项评估模型如图 8 - 1 所示。

图 8 - 1　基于统计数据证据获取的科学基金立项评估模型

如图 8 - 1 所示，该模型包括实验数据的收集整理与计算、基于统计数
据的证据表示、信息合成以及立项评估决策等部分。信息合成部分包含两个
方面内容，分别为多专家意见的合成和多指标意见的合成。

设 β_n 为支持 θ_n 的联合信度，则科学基金项目的评估结果可表示为以下信
度分布，即：

$$S = \{(\theta_1, \beta_1), (\theta_2, \beta_2)\} \tag{8.4}$$

需要说明的是，由于证据的表示以及合成后的结果均在识别框架下 $\theta = \{\theta_1, \theta_2\} = \{$资助, 不资助$\}$，因此，决策规则为直接利用合成后的结果即可能
获得资助的概率大小进行排序并作出资助决策。

8.5　决策步骤与举例说明

8.5.1　决策步骤

针对群体专家给出的评价信息，可以根据以下步骤进行科学基金立项评
估决策。

步骤 1：用信度函数表示专家给出的评议信息。收集、整理专家的评估
实验数据，根据基于统计数据的证据获取步骤，将同行评议专家的意见表示

为证据体，用信度函数构建多指标群决策问题。

步骤2：确定专家的权重和可靠性。可根据上节提出的方法，可计算专家提供评议信息的权重和可靠性。

步骤3：在每个基础指标上分别综合群体专家的评议信息。利用证据推理规则的合成公式，分别在每个指标上合成多个专家的意见，合成过程中需要考虑各个专家的权重和可靠性。

步骤4：将步骤3的结果进一步进行综合，即多指标上的信息合成，可得每个申请项目的综合评价结果，其结果仍表示为一个信度函数。此步骤需要考虑各个评估指标的权重。

步骤5，利用总指标上的合成结果根据决策规则进行资助决策，选出最有价值的项目进行资助。

8.5.2 举例说明

假设有5位专家$E_k(k=1,2,3,4,5)$从两个评估指标分别对某个项目进行评价。假设预先设定的评估指标1上的识别框架为$\theta_{:,1}=\{H_{1,1},,H_{2,1},H_{3,1},H_{4,1}\}=\{差,中,良,优\}$，评估指标2上的识别框架为$\theta_{:,2}=\{H_{1,2},H_{2,2},H_{3,2}\}=\{不予资助,可资助,优先资助\}$，专家针对某一个评价对象给出的评估信息如表8−2所示。专家的可靠性计算结果如表8−2最后一列所示。

表8−2　　　　　　　　评估专家提供的原始信息及其可靠性

专家	评估指标1（C_1）	评估指标2（C_2）	可靠性
E_1	优	优先资助	0.6667
E_2	良	可资助	0.3466
E_3	中	不予资助	1.0000
E_4	良	可资助	0.2500
E_5	良	可资助	0.1000

项目最终的资助结果总共为两类：资助（θ_1）、不资助（θ_2）。假设两个评估指标的统计信息刻画的似然函数和信度函数分别如表8−3和表8−4所示。

表 8 – 3 评估指标 1 的信度矩阵

指标	元素	差	中	良	优
似然函数	θ_1	0.0144	0.1220	0.3995	0.4641
	θ_2	0.1307	0.4525	0.3162	0.1006
信度函数	θ_1	0.0989	0.2124	0.5582	0.8219
	θ_2	0.9011	0.7876	0.4418	0.1781

表 8 – 4 评估指标 2 的信度矩阵

指标	元素	不予资助	可资助	优先资助
似然函数	θ_1	0.1579	0.5048	0.3373
	θ_2	0.5993	0.3419	0.0588
信度函数	θ_1	0.2085	0.5962	0.8515
	θ_2	0.7915	0.4038	0.1485

表 8 – 3 第二行第三列的值 0.0144 表示，若申请项目结果为资助，该项目被评为"差"这一等级的似然函数。第四行第三列的值 0.0989 表示若项目被评为"差"，该项目被资助的信度。

根据以上信息，可将专家提供的语言评估信息表示为信度分布。举例来说，评审专家 E_1 在第一个评估指标上给出了"优"的评价，从表 8 – 3 可以看出，"优"这一等级支持假设 θ_1 的信度为 0.8219，支持 θ_2 的信度为 0.1781。因而专家 E_1 在第一个指标上的评估信息可表示为以下信度分布的形式：$\{(\theta_1, 0.8219)$，$(\theta_2, 0.1781)\}$。同理，表 8 – 2 中五个专家的评估信息如表 8 – 5 所示。

表 8 – 5 评估信息的信度表示

	E_1		E_2		E_3		E_4		E_5	
元素	C_1	C_2	C_1	C_2	C_1	C_2	C_1	C_2	C_1	C_2
θ_1	0.8219	0.8515	0.5582	0.5962	0.2124	0.2085	0.5582	0.5962	0.5582	0.5962
θ_2	0.1781	0.1485	0.4418	0.4038	0.7876	0.7915	0.4418	0.4038	0.4418	0.4038

为利用证据推理规则合成评估信息，我们采用 MATLAB 软件编程来实现本章的算例分析及应用分析。假设专家的权重等于其可靠性，先合成各个指标

上多个专家的意见，然后将两个指标上的意见进行合成得到总指标上的结果，合成结果如表 8 - 6 所示。需要注意的是，在合成两个指标上的意见时，我们假设指标 1 的权重是指标 2 的两倍，指标权重可根据现实需要进行调整。

表 8 - 6   合成结果

元素	C_1	C_2	C
θ_1	0.3661	0.3909	0.3535
θ_2	0.6339	0.6091	0.6465

表 8 - 6 的最后一列就是根据专家评估意见合成的结果，表示根据专家的意见，该项目被资助的可能性为 0.3535。实际资助决策可通过比较该项目与其他项目的资助概率的大小进行排序，并根据基金资源决定资助结果。

8.6 基于统计数据证据获取的科学基金立项评估应用

8.6.1 数据来源

自 1986 年 2 月国家自然科学基金委员会成立以来，其在支持基础研究，发现和培养科学技术人才，促进科学技术进步和经济社会协调发展等方面作出了重要贡献，在此过程中也积累了大量项目申请和评审的一手信息。随着科技的飞速发展，国家自然科学基金委员会在受理项目申请、组织专家评审和管理资助项目等各个环节上逐渐实现了信息化管理。国家自然科学基金委员会通过自然科学基金委信息中心、"科学基金网络信息系统"和"科学基金共享服务网（科技成果信息系统）"等部门或系统将申请人、评审专家、专家评审意见以及评审结果等基金立项评估的相关信息都进行了系统的信息化存储和管理，为进一步挖掘和利用这些信息以提升支持基础研究的精准度、公正性和资助绩效提供了资料和证据。具体来说，通过前期参与国家自然科学基金项目积累的数据库中的信息包括国家自然科学基金立项评估通讯评审意见数据、评审专家信息以及评审结果等。

本书以国家自然科学基金立项评估意见为例，但以上提到的部分数据如评审专家姓名等异常敏感，一般而言，只对申请人公开部分专家评审意见。《国家自然科学基金条例》第二十条规定，基金管理机构工作人员和评审专家不得披露未公开的评审专家的基本情况、评审意见、评审结果等与评审有关的信息。同时，《国家自然科学基金项目评审专家行为规范》也强调了评审专家应当严格保守评审工作秘密，不得披露按要求不能公开的评审专家的基本情况、评审过程中的专家意见、评审结果等评审工作有关信息。因此，本书对相关数据和信息进行了"脱敏"处理，例如对某项目名称处理为"项目P_1"，对某个评审专家处理为"专家E_1"等，以避免研究过程中泄露隐私和敏感信息。

本书研究的数据样本为国家自然科学基金委员会信息中心获得的管理科学部项目的实际通讯评审和立项信息。项目评审信息主要包括科学部项目编号、综合评价、资助意见和建议资助金额等。项目立项信息主要包括科学部项目编号、项目批准号和批准金额等。将项目按科学部项目编号在立项信息中进行匹配，查询其是否最终得到立项。一般而言，在既定的通讯评审意见下，评审意见的处理结果与最终资助决定（是否立项）越一致，评审意见处理方法就越科学和合理。

8.6.2　实例研究

本章实证部分研究信息中心获得的管理科学部的项目，由于单个评审专家已有的评审信息有限，无法建立有效的信度矩阵，因此，本书依据申请项目的学科代码筛选出自然科学基金管理科学部的二处即工商管理学科的项目，以收集的 497 个项目的 2 407 条评估信息建立信度矩阵，采用该学科所有评审信息反映的映射关系来表示专家提供的评审信息。从该学科的项目中通过随机抽样的方法选取 100 个项目，用本章提出的方法和基金委现行方法对这 100 个项目进行资助决策并与项目实际资助结果比较，进而分析两种方法的优劣。该 100 个样本项目包含 20 个实际被资助的项目和 80 个未被资助的项目。实际被资助项目和未被资助项目按目前科学基金综合处理的结果如图 8-2 所示。

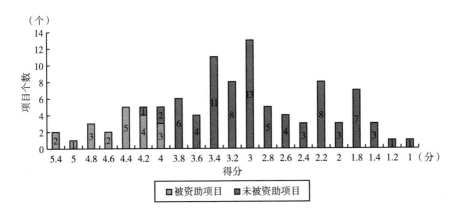

图 8-2　科学基金现行方法下被资助项目与未被资助项目得分分布

从图 8-2 中可以看出，现行科学基金综合处理方法下样本的 100 个项目的得分区间是 [1.0, 5.4]，共有 21 个离散的分值用来刻画项目的评价总成绩。以有限的得分大小为标准对项目进行排序将导致许多项目得分相同进而产生多个项目的优劣无法区分的问题。另外，从图 8-2 中也可以看出，项目的实际资助结果在很大程度上基于基金委现行处理方法。

在表 8-7 中，将本章中提出的方法与 NSFC 的现行方法进行了比较。由于样本中总共包含 20 个被资助项目，因而采用两种方法下排序前 20 的项目实际资助结果来衡量方法的有效性。

表 8-7　　　　　　两种方法下排序前 20 的项目实际资助结果　　　　　单位：个

项目	被资助数	未区分项目数	未被资助数	总数
现行方法结果	17	1	2	20
本章方法结果	18	2	0	20

由表 8-7 可以看出，两种方法下项目的排序和立项情况有一定的差异，而本章提出的方法中排序靠前的项目被资助的个数更多，且没有难以区分的

项目，因而能提供更好的决策支持。NSFC 现行方法下，得分大于等于 4.2 分的项目有 18 个，包含 17 个被资助项目和 1 个未被资助项目。然而，排序前 20 的项目中还需从得分为 4 分的项目中选择两个项目，剩余的两个项目需要从 5 个得分相同的项目中进行选择。而现行方法难以提供更多的信息支持决策。

项目资助结果产生差异主要在于得分为 4.2 分的 5 个项目和另外 5 个得分为 4 分的项目，这 10 个项目也是区分两种方法的关键所在。由现行方法计算的得分和排序以及由本章方法计算的项目被资助概率和排序如表 8 - 8 所示，其中，x 和 O_x 分别表示现行方法计算的项目得分和排序，y 和 O_y 则分别表示本章方法计算的项目被资助概率和排序。

表 8 - 8　　　　　　　　　两种方法下 10 个项目的得分和排序

项目	x	O_x	y	O_y	是否资助
1	4.2	6	0.7002	1	是
2	4.2	6	0.5821	3	是
3	4.2	6	0.2973	6	是
4	4.2	6	0.2012	10	是
5	4.2	6	0.2864	7	否
6	4.0	7	0.6019	2	是
7	4.0	7	0.3510	4	是
8	4.0	7	0.3005	5	是
9	4.0	7	0.2691	8	否
10	4.0	7	0.2297	9	否

在表 8 - 8 中，y 表示依据专家评估意见计算的资助概率，表中这 10 个项目的值看起来很低。然而，依据科学基金资助与管理绩效国际评估的综合证据报告，基金项目的上会率为 130% ～ 160%，这意味着通讯评审阶段超过 130% 的项目会进入会议评审阶段。也就是说，没有其他证据支持的情况下，进入会议评审阶段的项目获得资助的概率为 62.5% ～ 76.92%。通过综合专家评审意见计算的项目获得资助的概率能够在与会议评审阶段的项目资助率合成之后变大。

由表 8 - 8 可见, 现行方法下难以区分项目得分均为 4.2 分的项目 1 ~ 项目 5, 对项目 5 ~ 项目 10 也存在同样的问题。然而, 本章方法能够避免此类问题并有效地区分项目。另外, 两种方法下某些项目的排序发生了变化。现行方法下项目 5 得分高于项目 6、项目 7 和项目 8。但在本章方法下项目的排序发生了逆转, 而且该逆转与实际资助结果更为相符。为了揭示两种方法下不同结果产生的原因, 我们以项目 5 和项目 6 为例, 分析两个项目的原始评审信息以及专家评估信息的可靠性, 如表 8 - 9 所示。

表 8 - 9 项目 5 和项目 6 评审信息及可靠性信息

项目	指标	E_1	E_2	E_3	E_4	E_5
5	C_1	良	良	中	优	优
	C_2	可资助	可资助	不予资助	优先资助	可资助
	R	0.4286	0.3478	1.0000	0.3478	0.2857
6	C_1	良	良	良	中	优
	C_2	可资助	可资助	可资助	可资助	可资助
	R	0.3478	0.4000	0.6667	0.3478	0.2500

若仅考虑评审意见, 项目 5 的评审意见比项目 6 的更好, 如表 8 - 9 中的第二行和第三行以及第五行和第六行所示。然而, 将可靠性信息考虑之后结果发生了改变。如表 8 - 9 中的第四行所示, 项目 5 的评审专家 E_3 的可靠性为 1.0000。我们认为该专家更可靠, 因此, 其消极的评审意见在综合群体专家意见时将发挥更大的作用。所以在本章方法下, 考虑到各个专家的可靠性信息, 项目 5 的得分会低于项目 6。

本章方法划分与实际资助结果存在一个不一致的情况, 即项目 4, 该项目的原始评审信息以及专家评估信息的可靠性如表 8 - 10 所示。

表 8 - 10 项目 4 评审信息及可靠性信息

项目	指标	E_1	E_2	E_3	E_4	E_5
4	C_1	优	良	良	优	中
	C_2	优先资助	可资助	可资助	可资助	不予资助
	R	0	0.2981	0.2981	0	0.9834

从表 8 - 10 可见，项目 4 的专家评价意见较好，特别是评审专家 E_1 和评审专家 E_4。现行方法仅考虑专家给出的评价意见，在不考虑专家给出评价意见质量的情况下，项目 4 得分较高并获得了资助。然而，这两位项目评审人的可靠性均为 0，即这两位评审专家历史评审记录的准确度较差，在考虑评价意见可靠性的情况下，基于本章方法项目 4 的结果较差，因而与其他项目相比，并未获得资助。

8.7　进一步讨论

8.7.1　模型的推广

在上一节的应用研究中，新提出的模型已被用于国家自然科学基金项目的选择。为了指导管理者更好地应用此模型以及在实践中获得更广泛的认可，接下来用一个简单的例子来推广所提出的模型。

该模型遵循以下步骤。

（1）收集专家评估意见。对于每个项目选择问题，应该有一定的评价等级集来评价备选项目的表现。假设 $H = \{\theta_1, \cdots, \theta_5\} = \{极差, 差, 中, 良, 优\}$，两个互相独立的专家被邀请为一个给定的项目提出建议，两个专家分别选择给了"差"和"良"。

（2）用信度分布函数表示专家的评估。根据前面研究提到的基于统计数据的证据获取过程，管理者可以提取相应的信度分布函数。假设这两种评估用以下信度分布函数表示：

"差"：$\{(\theta_1, 0.2), (\theta_2, 0.8)\}$

"良"：$\{(\theta_1, 0.7), (\theta_2, 0.3)\}$

其中，θ_1 表示资助；θ_2 表示不资助。

（3）合成专家的评估意见。在合成之前，管理者应收集专家的历史评价业绩数据，计算其可靠性。利用专家的可靠性和权重，利用证据推理合成法则可以计算出总的资助概率。假设可靠性等于两位专家的权重，取值分别为0.25 和 0.85。那么合成两个专家评估意见的结果应该为$\{(\theta_1, 0.633),(\theta_2, 0.367)\}$。

（4）不同指标的信息合成。如果选择过程包含几个不同的指标，则需要此步骤。管理人员应该确定所有指标的相对重要性，以生成综合的资助概率。

（5）通过比较和排序作出资助决策。通过对所有候选项目的资助概率进行排序和比较，管理者可以根据实际需求和预算进一步选择资助一个或几个项目。

根据实际需要，步骤"合成专家的评估意见"和步骤"不同指标的信息合成"的顺序是可以互换的。所有这些步骤都可以计算机化和工具化，使整个过程方便使用者。

本章提出的模型也适用于任何具有相似评价结构与评价标准和评价过程的行业、政府组织或企业的非科研项目选择。

8.7.2　模型的优点

将基于证据推理规则的评估决策模型应用于研发项目选择过程具有以下两个优点。

第一个优点是增加了资助结果的可解释性和公平性。由于专家提供正确评估的能力不同，专家在新提出的模型中扮演着不同的角色。模型结果完全依赖于专家的判断和评估，一个可解释的、公平的筛选程序能够为没有获得资助的申请人提供进一步的指导。没有获得资助的申请人可以区分不同专家的评估，并专注于那些更可靠的专家提出的建议，以进一步改进他们的申请书和研究。根据国家自然科学基金委的规定，应充分发挥同行评议的作用。研发项目的资助决定应该基于同行专家的判断，而不是受主观甚至带有学术偏见的影响。即使存在主观和其他因素的影响，所提出的模型通过纳入专家的可靠性，可大大减少这些影响。

第二个优点是选择过程的效率会提高。当前，新一轮科技革命蓬勃兴起，科研范式和组织模式深刻变革，应对全球性挑战和满足国家重大需求对源头创新的需求更加迫切。许多研发项目在全国范围内进行征集和筛选，增加了包括国家自然科学基金在内的各个资助机构的筛选工作量。现有的方法需要专家花费很多的时间，因为有很多相同评分的项目，例如在通讯评审得分相同的项目需要进一步分析，才能进入会议评审阶段。与现有的方法相比，新提出的模型的申请项目优劣得到了很好的区分。管理人员和专家大量的审查工作将减少到最低限度，质量和效率可大大提高。

另外，可以设计并使用多指标决策分析软件工具进行项目选择过程。在适当的技术支持下，该模型的应用可以减少管理者的时间成本，进一步提高项目选择的效率。

8.8　本章小结

基于第 3 章中对贝叶斯方法中的似然函数和证据推理理论中的信度函数之间的关系进行的探讨，依据两者之间的关系并结合统计数据，本章提出了基于统计数据的证据获取步骤，作为一种新的证据获得方法。在获得证据体的基础上，建立了基于证据推理规则的立项评估决策模型。在模型中，探讨了专家评估信息可靠性的影响因素并提出了基于混淆矩阵的可靠性度量方法，该方法有效区分了专家给出肯定意见和否定意见时两种不同的可靠性。基于证据推理规则的推理模型能够有效融合群体专家在不同指标上的语言评价意见，得到项目的资助概率以支持项目排序择优。另外，为了证明本章方法的有效性和实用性，以国家自然科学基金面上项目评审意见处理为例，对提出的基于证据推理规则的语言评审意见集结模型进行了检验，获得了比较满意的结果。

在实践中，经过长期对同行评议专家历史评估信息的积累，可以计算获得更加可信的专家评估信息可靠性。另外，衡量专家评估信息的可靠程度，对改进科学基金通讯评审专家指派的合理性，具有重要的参考价值。

第 9 章

综合期望效用与信度分布特征的科学
基金立项评估方法及其应用

前一章针对评审专家意见的信度表示问题，讨论了基于统计数据的证据信度函数获取方法，即利用贝叶斯方法中似然函数和证据推理规则中信度函数之间的关系求得专家语言评价等级与项目资助结果集合的映射关系，据此获得证据信度函数并利用证据推理规则完成群体专家在多个指标上意见的合成。在使用该方法时，需要足够的实验统计数据才能获得较为真实的映射关系，从而较好地表示专家意见。

本章在前面基于专家历史评价信息的可靠性度量方法的基础上，探讨在另一种证据信度函数生成方法下，如何处理专家评审意见并进行立项评估决策的问题。综合考虑科学基金项目的多指标评价体系特点和项目选择流程，本章提出了综合期望效用与信度分布特征的科学基金立项评估决策模型。该模型具有以下特点：直接使用专家语言评价等级获得证据信度函数；充分考虑评估指标的权重以及评价等级的多样性；利用历史评估结果的准确性衡量具有不同知识背景和经验的专家提供的评估信息可靠性；应用信度分布表征项目的整体评价结果，并结合效用函数得到项目评价的期望效用以供排序择优。

9.1 引　　言

对许多公司和研究资助机构来说，科研项目评价和选择是一项共同且重要的任务，其主要目标是确定适当的实施项目（Mahmoodzadeh et al.，2007）。然而，技术的迅速发展及其日益增加的复杂性，使科研项目的评价和选择成为一个具有挑战性的决策过程（Solak et al.，2010；Tavana et al.，2013）。特别是，它涉及多个评价指标和多个同行评审专家或决策者。此外，在决策过程中需要同时考虑定量和定性评价标准。定量标准可以很容易地通过数值进行评价，而定性标准可以通过一组不同的语言评价等级进行评价，例如差、一般、好和优秀。

由于科研项目评价和选择的重要性，在过去的几十年里，研究者们提出了许多评价和选择科研项目的方法和技术。典型方法包括同行评议（Jayas-inghe et al.，2006；Južnič et al.，2010）、模糊逻辑（Coffin and Taylor，1996；Wang and Hwang，2007）、模糊层次分析法（Hsu et al.，2003；Huang et al.，2008）、近似理想点法（TOPSIS）（Mahmoodzadeh et al.，2007）以及数据包络分析（Linton et al.，2002）等。

以上研究为决策者在科研项目评价和选择过程中作出明智决策提供了支持。然而，以往的研究很少关注评价信息的汇总，尤其是大多数方法采用简单的相加法进行分数相加，不能提供足够的信息来区分大量的待评估项目，使这些方法缺乏获取项目真实绩效情况的能力。因此，这些方法可能会对科研项目评价和选择的决策质量产生负面影响。此外，由于专家可能对同一项目提供不一致甚至完全矛盾的评价，来自多个同行专家的评价信息的协调和汇总往往成为实际科研项目评价和选择的障碍。因此，合理考虑评审信息的可靠性是非常必要的，但现有的大多数汇总方法都未能做到这一点。

为了解决这些问题，本章提出了一种利用新提出的证据推理规则来评价和选择科研项目的有效方法（Yang and Xu，2013）。提出的基于证据推理规则的评价与选择方法包括以下主要组成部分：用于表示评审信息的信度分布、用于生成专家可靠度的混淆矩阵、基于效用的信息转换方法去处理具有不同评价等级的评价标准，以及利用证据推理规则汇总多个专家在多个评价指标的评价信息。而后通过实例研究，验证基于证据推理规则的评价与选择方法的适用性和有效性。

本章的其余部分组织如下。第9.2节回顾了以往关于项目评价和选择的研究；第9.3节构建了"综合期望效用与信度分布特征的科学基金立项评估模型"；第9.4节分别介绍了"确定语言评价等级的效用""计算各项目的期望效用值""分析总体信度分布特征"三个方面；第9.5节为评估步骤与举例说明；第9.6节通过实例分析说明了本章提出的基于证据推理规则的研究方法，并与现有的国家科学基金科研项目的评价和选择结果进行了比较。第9.7节为本章小结。

9.2 文献回顾

一个研发项目的评估分为三个不同的阶段，分别是立项评估、过程评估和后评估。对于三个不同的评估阶段，评估标准和评估方法通常是不同的（Bulathsinhala，2015）。立项评估在项目启动前进行，而过程评估是针对正在进行的项目，后评估在项目完全完成后对项目进行评估（Olsson et al.，2010）。关于项目评估的不同背景，有研究表明，在大型组织中，项目评估通常涉及复杂的过程（Oral et al.，2001）。由于项目目标和技术开发阶段的复杂性，探索性科研项目尤其如此（Olsson et al.，2010；Horrobin，1996）。在这项工作中，评估和选择被视为对科研项目的客观评估，以及在立项评估阶段支持项目选择的评估信息的集合。

关于研发项目评估和选择的研究范围很广。研发项目评估和选择中的一个重要问题是确定项目评估的标准。传统的评估和选择标准主要是财务收益和成本，这些在本质上是定量的，例如净现值和内部收益率。虽然财务方面对于企业而言非常重要，而且在项目的选择中得到了广泛的探索。但是开展研发项目的组织可能会有不同的目标和需求，应该认真考虑，并在一定的评估标准中体现出来。这些标准比较复杂，也比较难以量化。例如，许多公共研究资助机构和组织在进行项目选择时，通常还会考虑包括科技发展战略或企业战略、定性利益和风险、不同利益相关者的愿望等定性标准（Meade and Presley，2002）。

学者们提出了许多方法和技术来处理研发项目的评估和选择，这些方法和技术往往都是定性或定量的。根据 Henriksen and Traynor（1999）的研究，研发项目评估和选择方法可分为非结构化同行评审、评分、数学规划、经济模型、决策分析、交互方法、人工智能以及投资组合优化等。Tian 等（2002）提出了一种组织决策支持系统（ODSS）架构，从组织决策的角度来支持研发项目的选择，该架构侧重于选择过程的整个生命周期。数据包络分析（DEA）已被证明是一种将项目划分为不同组的有用方法，它不要求变量具有相同的尺度或转换权重，对可能具有许多不同的非成本和非数值变量的研发项目进行比较时，它是一种理想的解决方案（Linton et al.，2002）。Huang 等（2008）采用模糊数来表示专家的主观判断，并利用模糊层次分析法来识别最重要的评估标准。为选择合适的研发项目组合，Carlsson（2007）开发了一种用于评估研发项目选项的模糊混合整数规划模型，并将未来现金流量视为梯形模糊数。当存在不确定且灵活的项目信息时，可采用模糊复合期权的方法使目标投资组合价值最大化（Wang and Hwang，2007）。为了支持项目的选择，Silva 等（2013）提出了一个基于社交网络授权的研究分析框架，来捕捉研究人员的社会联系和生产力。Lawson 等（2006）研究了由财务因素、风险分析和评分模型组成的混合项目选择模型，并在一家中小型企业进行了实地测试，这项工作使模型转换为适用于小型工程公司的形式成为可能。

以往关于研发项目评估的研究大多侧重于描述技术的作用机制，并根据研发项目的性质分析其优缺点，很少有研究在现实情况下获得广泛的认可（Hsu et al.，2003）。现有模型存在以下内在局限性：（1）很少关注评估结果的合成；（2）没有对多位专家评审信息的可靠性进行明确的识别和整合。

从以上讨论可以明显看出，即使使用了上述方法，研发项目的评估和选择仍然是一项具有挑战性的任务。然而，证据推理规则具有整合来自多个决策者信息的内在能力，并且在解决上述研发项目评估和选择过程中讨论的问题方面具有很大的潜力。证据推理算法是在 Dempster-Shafer 证据理论的基础上，为多指标决策分析（MCDA）开发的算法（Shafer，1976；Yang and Singh，1994），并被研究人员广泛研究和应用于信息融合（Yang and Xu，

2002）。基于规则和效用的技术也被开发用于转换各种类型的信息（Yang，2001）。证据推理算法的应用领域涵盖工程设计；可靠性、安全性和风险评估；业务管理；项目管理和供应链管理；环境与可持续发展管理；智能家居管理；政策制定和群体决策（Xu，2012）。作为证据推理算法的一种推广，证据推理规则是一种通用的概率推理过程，可以用于结合多个独立证据，并考虑证据的权重和可靠性。既有文献证明，经典的 Dempster-Shafer 证据理论和证据推理算法是证据推理规则的特殊情况（Yang and Xu，2013）。证据推理规则使用具有可靠性的加权置信分布（WBDR）结构对证据进行剖析，这进一步改进了 Dempster-Shafer 证据理论和证据推理算法中的基本概率分配过程。它进一步利用 WBDR 上的正交求和运算来组合多个证据，其中，每个证据相对于其权重和可靠性可以发挥有限的作用（Yang and Xu，2013）。该方法具有单独管理证据源的重要性和可靠性，以及处理高度或完全矛盾的证据的特点。证据源的可靠性表示其对给定问题提供正确评估/解决方案的能力。因此，证据推理规则非常适合于评估由一组专家参与提供评估信息的项目。

9.3 综合期望效用与信度分布特征的科学基金立项评估模型构建

在同行评议前提下，首先将专家语言评议信息转化为以信度函数表示的证据体。同时考虑专家提供的评价信息的权重和可靠性，利用证据推理规则的合成公式在各个基础指标上分别合成多个专家的意见。由于不同基础指标使用的识别框架可能不同，需要将不同基础指标识别框架上的评议信息转换到统一的公共识别框架上。其次考虑各个基础指标的权重，并利用证据推理合成公式集结不同基础指标上的信息，得到多个专家在多个指标上的综合评价结果。最后利用效用函数得到科学基金项目评价的期望效用并结合整体信度分布特征进行排序选优。基于证据推理规则的综合期望效用与信度分布特征的科学基金立项评估决策模型的相关流程如图 9-1 所示。

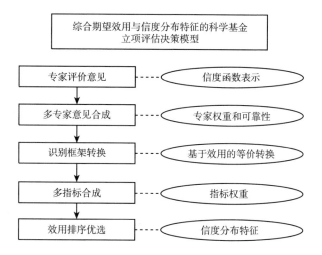

图 9 - 1 综合期望效用与信度分布特征的科学基金立项评估决策模型的相关流程

9.3.1 不同识别框架下的信息转换

为便于专家对科学基金项目立项评估问题的认识和理解，评价总体指标和基础指标识别框架中的评价等级可能不同。基础指标上的信息如何影响项目的总体指标得分，需要将基础指标的信息转化到总体指标上。在此之前，需要将基础指标识别框架上的元素转化到公共识别框架即总体指标的识别框架上，才能对基础指标信息进一步合成。

9.3.1.1 基于效用的不同识别框架下的信息转换

不同识别框架下的信息转化过程可以依据决策者偏好给出的等价规则来实现，当决策者偏好规则不能获得时，基于决策效用的信息转化方法可用于实现此过程。定量或定性评价信息都能应用这种基于效用或者基于规则的转化方法（Yang，2001）。

设总指标上的识别框架 $\theta = \{H_j, j = 1, \cdots, N\}$，公式识别框架中各元素的效用 $u(H_j)$ 和基础指标识别框架中各元素的效用 $u(H_{n,i})(n = 1, \cdots, N_i)$ 已知，一个原始评价信息 $\{(H_{n,i}, m_{n,i})\}$ 可以通过以下等式转化到总指标上的信度分

布 $\{(H_j, \beta_{j,i})\}$：

$$\beta_{j,i} = \begin{cases} \sum_{n \in \pi_j} m_{n,i} \tau_{j,n}, & j = 1 \\ \sum_{n \in \pi_{j-1}} m_{n,i}(1 - \tau_{j-1,n}) + \sum_{n \in \pi_j} m_{n,i} \tau_{j,n}, & 2 \leq j \leq N - 1 \quad (9.1) \\ \sum_{n \in \pi_{j-1}} m_{n,i}(1 - \tau_{j-1,n}), & j = N \end{cases}$$

其中，若 $u(H_j) \leq u(H_{n,i}) \leq u(H_{j+1})$，$\tau_{j,n} = \dfrac{u(H_{j+1}) - u(H_{n,i})}{u(H_{j+1}) - u(H_j)}$，

$$\pi_j = \begin{cases} \{n \mid u(H_j) \leq u(H_{n,i}) < u(H_{j+1}), n = 1, \cdots, N_i\}, j = 1, \cdots, N - 2 \\ \{n \mid u(H_j) \leq u(H_{n,i}) \leq u(H_{j+1}), n = 1, \cdots, N_i\}, j = N - 1 \end{cases}$$

各评估指标等级的效用可由决策者偏好给出。当决策者的偏好信息不能获得时，可假设各等级在归一化效用空间中呈线性分布，即 $u(H_j) = (j-1)/(N-1)(j = 1, \cdots, N)$。

9.3.1.2 各个指标下识别框架的确定和识别框架的转换

在科学基金立项评估问题中，可以设公共识别框架共包含六个评价等级，即 $\theta = \{H_1, H_2, H_3, H_4, H_5, H_6\}$。该假设的依据主要是在科学部参考项目量化得分并考虑专家意见后，一般将科学基金项目划分为 A、A-、B、E、C 及 D 六个档次，以确定能否进入会评阶段（陈晓田，2009）。在公共识别框架中，H_6 对应于 A，H_5 对应于 A-，H_4 对应于 B，H_3 对应于 E，H_2 对应于 C，H_1 对应于 D，即 $\theta = \{H_1, H_2, H_3, H_4, H_5, H_6\} = \{D, C, E, B, A-, A\}$。然而，在通讯同行评价过程中，由于同行评议意见表的现有设计以及实际评估的需要，两个基础评价指标都设定了不同的语言评价等级，具体内容如下。

"综合评价"指标的评价等级分为四个：评价等级"优"代表申请项目在创新性、科学意义或应用前景、研究目标、研究内容、总体研究方案以及研究基础和条件等各方面均能突出地满足评价要求；评价等级"良"代表申请项目立意新颖，能够较好地在科学意义或应用前景、研究内容、总体研究

方案等方面满足要求，有一定的研究基础和条件；评价等级"中"代表申请项目具有一定的科学研究价值或应用前景，但研究内容和总体研究方案尚需修改；评价等级"差"代表申请项目在某些关键评价标准上有明显不足。此基础指标的识别框架为：

$\theta_{:,1} = \{H_{1,1}, H_{2,1}, H_{3,1}, H_{4,1}\} = \{差, 中, 良, 优\}$。假设识别框架中各元素的效用值在$[0,1]$空间中线性分布，则此基础指标的识别框架向总识别框架的转换如图9-2所示。

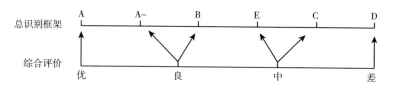

图9-2 基于效用的"综合评价"评价等级转换

从图9-2可以看出，基础指标"综合评价"的评价等级"优"和"差"都以100%的强度分别与总识别框架中的A和D相对应。"良"则以一定的比例对应到A-和B上，而"中"以一定的比例对应到E和C上。从效用的角度来看，则有$u(H_{4,1}) = u(A)$，$u(H_{1,1}) = u(D)$，$u(H_{3,1}) = 0.3335u(A-) + 0.6665u(B)$，$u(H_{2,1}) = 0.6665u(E) + 0.3335u(C)$。

"资助意见"指标的评价等级分为三个：优先资助、可资助、不予资助。此基础指标的识别框架为$\theta_{:,2} = \{H_{1,2}, H_{2,2}, H_{3,2}\} = \{不予资助, 可资助, 优先资助\}$，同样假设各评价等级在归一化效用空间中线性分布，则其向总识别框架的转换如图9-3所示。

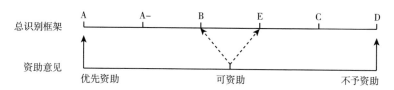

图9-3 基于效用的"资助意见"评价等级转换

从图9-3可以看出，"资助意见"指标的最优评价等级与总识别框架的A相当，最劣评价等级与总识别框架的D相当。"可资助"等级则分别以

50%的比例对应于总识别框架的 B 和 E。与基础指标"综合评价"不同的是，基础指标"资助意见"的三个评价等级中没有与总识别框架的 A – 和 C 对应的指标。

9.3.2　群体专家在多指标上的评价意见集结

科学基金项目立项评估是一个多专家、多指标的决策过程。首先，在各个基础指标上合成多个专家的意见；其次，将指标上的信息通过转化公式转换到公共识别框架上；最后，合成多个基础指标上的信息。合成过程中专家提供的评价信息的可靠性采取上一章中的度量方法。

由于在科学基金项目立项评估实践中，即使某一专家的可靠性为 1，科学部仍会参考其他专家的意见，而非由某专家独自决定，因此，在证据推理规则合成公式中，我们令 $c_{rw,i} = 1/(1 + w_i - w_i r_i)$ 用以集结专家意见（王东鹏等，2015）。这一改进的目的在于，即使专家历史评议完全可靠，科学部仍可通过专家意见赋权的方式，影响多专家意见融合过程。

设 $\beta_j(a_1)$ 为支持 H_n 的联合信度，则科学基金项目的评估结果可表示为以下信度分布，即：

$$S[y(a_1)] = \{(H_j, \beta_j(a_1)), j = 1, 2, \cdots, N\} \qquad (9.2)$$

若初始评估含有不确定信息，$\beta_H(a_1)$ 表示对项目 a_1 评价的总的不确定性信度，则被评价项目的总信度可以表示为一个 $N + 1$ 维的向量，即：

$$S[y(a_1)] = \{(H_j, \beta_j(a_1)), j = 1, 2, \cdots, N; (H, \beta_H(a_1))\} \qquad (9.3)$$

9.4　综合期望效用与信度分布特征的
科学基金立项评估决策

通过证据推理规则合成后的总体信度分布，见式（9.2）或式（9.3），能够清晰地展现各位同行评议专家对某一个项目总的评估结果，但合成结果并不能够直接地对若干个申请项目进行优劣关系的比较。举例来说，科学基金立项评估中总识别框架共包含六个评价等级，项目a_1在 A、E、D 三个评价等级上的总信度大于项目a_2，但是在另外 A－、B、C 三个评价等级上的总信度则小于项目a_2。在这种情况下，就难以准确地分辨出这两个项目的总体优劣程度。为了对申请项目进行比较和筛选，我们需要将式（9.2）或式（9.3）中的总信度分布转化为确定的数值。目前最常用的方式是基于多属性效用理论（期望效用）的决策方法，该方法通常包含两个步骤，即估计评价等级的效用和计算项目总的期望效用值。

9.4.1　确定语言评价等级的效用

为了计算项目的总期望效用值，需要预先设定各个评价等级的效用值。文献（Yang and Singh，1994；Yang and Sen，1994）将偏好度的概念引入证据推理的分析模型中，认为偏好度可以用来量化评价等级，其取值范围为［－1，1］。文献（Yang，2001；Yang and Xu，2002；Wang et al.，2006）则使用了效用函数$u(H_n)(n=1,\cdots,N)$的概念来量化评价等级，$u(H_n)$的取值范围为［0，1］。假设$u(H_n)$为评价等级H_n的效用，若评价等级H_{n+1}优于H_n，则其效用$u(H_{n+1})$大于评价等级H_n的效用$u(H_n)$，即$u(H_{n+1})>u(H_n)$。

对于评价等级集$H=\{H_n,n=1,\cdots,N\}$，标准化效用可设为$u(H_1)=0$，$u(H_N)=1$，各等价的关系有$0=u(H_1)<u(H_2)<\cdots<u(H_N)=1$。评价等级效用$u(H_n)$的确定方法有很多，例如 Winston 提出的用以求解效用函数的概率分配法（probability assignment approach）（Yang，2001）。

一般情况下，当决策者有偏好信息时，可根据决策者的偏好来确定评价等级的效用值。当决策者无偏好信息时，可假设评价等级在标准化效用空间均匀分布，即：

$$u(H_n)=(n-1)/(N-1),(n=1,\cdots,N) \tag{9.4}$$

例如，当有四个评价等级时，即 N = 4 时，有：

$$u(H_1) = 0, u(H_2) = 0.3333, u(H_3) = 0.6667, u(H_4) = 1$$

9.4.2 计算各项目的期望效用值

在对方案排序和决策时，常采用加权和的多属性效用模型，即 $u[y(a_l)]$ $= \sum_{n=1}^{N} \lambda_n u(H_n)$，其中，$\lambda_n$ 是等级的权重。为了保持评价的一致性，各项目的等级效用相同。在证据推理规则下，如果所有评价信息都是完全评价，则 $\beta_H = 0$，λ_n 为各等级的综合信度 β_n，于是科学基金项目的整体评价得分的效用计算公式如下：

$$u(S(y(a_l))) = \sum_{n=1}^{N} \beta_n(a_l) u(H_n) \qquad (9.5)$$

其中，$u(S(y(a_l)))$ 是合成之后的概率分布的期望效用。

由式（9.5）可知，科学基金立项评估问题就转化为"确定性"的决策问题了。某一申请项目的总期望效用值越高，我们就认为它越具有科学价值。通过对若干个申请项目最终的期望效用值大小的比较就可以得到项目的优劣排序。

对于一个项目，若某个专家提供的原始评价含有不确定信息，那么利用证据推理规则合成后得到的总信度也应该是不确定的，也就是说表示不完全（无知）程度的未分配信度 $\beta_H(a_l)$ 大于 0，即：

$$1 - \sum_{n=1}^{N} \beta_n(a_l) > 0 \text{ 或 } \beta_H(a_l) > 0$$

这时，利用式（9.5）计算得到的确定的效用值就无法体现评价的不确定性，从而使决策丢失了一部分评判信息。一般情况下，我们利用最大效用值 $u_{max}(a_l)$、最小效用值 $u_{min}(a_l)$ 和平均效用值 $u_{aver}(a_l)$ 来衡量不确定评价中某一项目 a_l 的效用（Yang and Xu，2002）。不失一般性，假设 H_1 是有最小效用的最低（最劣）评价等级，而H_N是有最大效用的最高（最优）评价等级。如果将不确定性的总信度$\beta_H(a_1)$的效用值设定为最优评价等级H_N的效用值$u(H_N)$，项目a_1取得其最大效用值。如果将不确定性的总信度$\beta_H(a_1)$的效用值设定为最劣的评价等级H_1的效用值$u(H_1)$，项目a_1取得其最小效用值。项目的平均效用值则是通过求解最大效用值的最小效用值的算术平均数，即：

$$u_{max}(a_1) = \sum_{n=1}^{N-1} \beta_n(a_1)u(H_n) + \left[\beta_N(a_1) + \beta_H(a_1)\right]u(H_N) \qquad (9.6)$$

$$u_{min}(a_1) = \left[\beta_1(a_1) + \beta_H(a_1)\right]u(H_1) + \sum_{n=2}^{N} \beta_n(a_1)u(H_n) \qquad (9.7)$$

$$u_{aver}(a_1) = \frac{u_{max}(a_1) + u_{min}(a_1)}{2} \qquad (9.8)$$

需要注意的是，若$u(H_1) = 0$，则$u(S(y(a_1))) = u_{min}(a_1)$。若项目$a_1$的所有初始评估信息都是完全的，则$\beta_H(a_1) = 0$，并且$u(S(y(a_1))) = u_{max}(a_1)$ $= u_{min}(a_1) = u_{aver}(a_1)$。

对于每一个项目，按式（9.6）~式（9.8）分别计算其最大效用值、最小效用值和平均效用值。两个项目a_1和a_2的排序是基于其效用区间的。一般情况下，对于两个项目，按以下条件确定其排序：

当$u_{min}(a_1) > u_{max}(a_2)$时，我们认为项目$a_1$优于$a_2$；

当$u_{max}(a_1) = u_{max}(a_2) = u_{min}(a_1) = u_{min}(a_2)$时，认为$a_1$和$a_2$价值相当。

其他情况下，我们可以用平均效用值对项目进行排序，但排序结果可能不准确。举例来说，若$u_{aver}(a_1) > u_{aver}(a_2)$，但是$u_{max}(a_2) > u_{min}(a_1)$，我们仅能得出就平均效用而言项目$a_1$优于$a_2$。然而，这个排序是不完全可信的，因为存在$a_2$的效用高于$a_1$的效用的可能。为了能够得到更好的排序结果，需要提高原始评估信息的质量，以减少两个项目原始评估信息中的不完全或不精确的情况（Yang，2001）。

若评估中含有不确定性的决策信息，则利用式（9.6）至式（9.8）对如式（9.3）所示的总体信度对项目进行排序时，就充分利用了评估中的不确定性信息，提高了决策评估的有效性和实用性。若评估中的决策信息都是完全的，则可直接利用式（9.7）对最终的融合结果［见式（9.2）］对申请项目进行排序。

9.4.3 分析总体信度分布特征

在基金立项评估背景下，通常采用多个同行评议专家共同评判某一项目的优劣，以降低单个评议专家的评判偏差。但随之而来的是"非共识"问题的出现，同行评议的结果往往是那些普遍看好的项目被选中，而一些有较大原始创新和有风险的项目则可能被忽略。杨列勋等（2002）针对科学基金项目遴选实践提出了关于非共识项目的定义：对于某个申请项目的评议，如果有2（或3）位专家持肯定态度评价很高，另有3（或2）位专家持否定评价很低，且双方均有具体、可靠的论述和依据为佐证，这样的项目就为非共识项目。

在现有科学基金方法对非共识项目和另一类表现平平的项目无法进行区分，即既不属于普遍看好的又不属于普遍被否定的项目。例如，两个总期望效用值相当的申请项目a_1和a_2，其中，项目a_1的总体信度分布在最高评价等级和最低评价等级上，而项目a_2的总体信度分布在中间区域，这两个项目的价值从效用值来看可能相当，但项目a_1被识别为非共识项目，本章的前提假设是非共识项目蕴含创新，优先考虑资助。

前面所介绍的基于项目期望效用的排序方法，能够有效地区分项目的总体优劣程度。但当项目的总期望效用值相差较小时，我们就需要结合项目的总体信度分布特征进行项目的筛选。而选择总体分布属于集中分布的项目或是极端分布的项目则根据实际需求来确定。

9.5 评估步骤与举例说明

对于项目a_1，共有五份有效的评审意见表，五个评审专家在两个指标上给出的原评审信息如表9－1所示。按目前科学基金综合处理的结果，项目a_1的总分为4.4分。

表9－1　　　　　　　　　　由专家提供的原始评估信息

项目	专家1	专家2	专家3	专家4	专家5
综合评价	优	中	优	良	优
资助意见	可资助	不予资助	可资助	可资助	优先资助

以项目a_1为例，利用目前科学基金专家通讯评审的信息，科学基金项目评估选择可通过以下步骤进行。

步骤1：将原始评估信息转化为证据体，即用信度分布的形式表示专家意见。利用9.3节的知识，设基础指标1"综合评价"上的识别框架为$\theta_{:,1} = \{H_{1,1}, H_{2,1}, H_{3,1}, H_{4,1}\} = \{差,中,良,优\}$，基础指标2"资助意见"上的识别框架为$\theta_{:,2} = \{H_{1,2}, H_{2,2}, H_{3,2}\} = \{不予资助,可资助,优先资助\}$，项目$a_1$的原始评估信息可表示如下：$(H_{4,1},1)$；$(H_{2,1},1)$；$(H_{4,1},1)$；$(H_{3,1},1)$；$(H_{4,1},1)$；$(H_{2,2},1)$；$(H_{1,2},1)$；$(H_{2,2},1)$；$(H_{2,2},1)$；$(H_{3,2},1)$。这表明，来自不同专家的评估信息是不一致或相互冲突的。

步骤2：确定专家权重和可靠性。设五个专家的初始权重相等，标准化后即为0.2。专家提供的评价信息的可靠性可利用8.4.2节的混淆矩阵计算，由原始评审信息中的资助意见可知，由于专家1、专家3、专家4、专家5给出了肯定的建议，这四个专家的评价信息可靠性用"资助"决策下的历史准确率衡量，而专家2用"不资助"决策下的历史准确率衡量，由表9－2可知，5位专家的可靠性分别为0.25、1、0.375、0.3333和0.4286。历史评审记录缺失的专家的评价信息可靠性用当年所有参与评审专家的平均值代替。

表9－2　　　　　　　　用以计算可靠性的专家历史评估信息

项目	专家1	专家2	专家3	专家4	专家5
历史评估项目总数	15	5	10	11	20
建议不资助数	3	1	2	5	6
建议资助数	12	4	8	6	14

续表

项目	专家1	专家2	专家3	专家4	专家5
TN	3	1	2	4	6
TP	3	1	3	2	6
R_{TP}	0.25	0.25	0.375	0.3333	0.4286
R_{TN}	1	1	1	0.8	1
可靠性	0.25	1	0.375	0.3333	0.4286

步骤3：在两个指标下分别合成五个专家的意见。利用步骤2中的权重和可靠性及证据推理规则的合成公式，计算项目在各指标上的信度分配。项目a_1的初步合成结果如表9-3所示。

表9-3　　　　　项目a_1在两指标上分别合成多个专家意见的结果

基础指标	评价等级			
综合评价	优 0.6311	良 0.1703	中 0.1986	差 0
资助意见	优先资助 0.1741	可资助 0.6269	不予资助 0.1990	

步骤4：利用9.3.1节的公式将指标上的信度分布转换到公共识别框架上。由于科学基金综合处理结果是将项目划分到六个等级，因此，本书定义的公共识别框架包含六个元素。设所有识别框架元素的效用在［0，1］区间内线性分布，则项目a_1的转化结果如表9-4所示。

表9-4　　　　　项目a_1信息转化及指标合成结果

项目	A	A-	B	E	C	D
综合评价	0.6311	0.0568	0.1135	0.1324	0.0662	0.0000
资助意见	0.1741	0.0000	0.3135	0.3135	0.0000	0.1990
证据推理规则结果	0.5430	0.0422	0.1561	0.1723	0.0493	0.0370

步骤5：考虑指标权重的情况下，合成两个指标上的信息。分别赋予"综合评价"和"资助意见"指标的权重为2/3和1/3，其可靠性等于权重，

利用证据推理合成公式求得的结果如表9-4中证据推理规则结果行所示。

步骤6：利用效用函数计算项目的总体评价得分。项目a_1的得分为0.7493。

9.6 综合期望效用与信度分布特征的科学基金立项评估应用分析

9.6.1 样本选取与初步分析

研究的数据样本为国家自然科学基金委员会信息中心获得的1 225项管理学部项目的实际通讯评审和最终立项信息，样本中所有项目均有五份有效评审意见表。将这1 225个项目按科学部项目编号在立项信息中进行匹配，查询其是否最终得到立项。按目前科学基金综合处理的结果如图9-4所示。

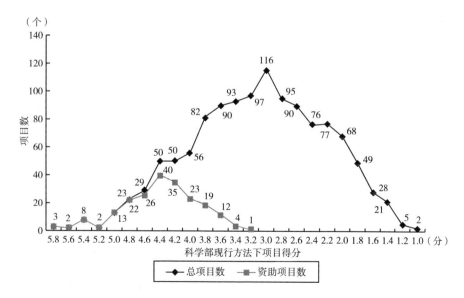

图9-4 科学基金现行方法下资助项目与总体项目得分折线

由图 9-4 可以看出，现行方法 1 225 个项目的得分以近似正态分布的形式离散分布于 [1.0, 5.8] 区间中的 25 个分值上。其中，资助项目的得分也在一个较小区间中近似服从正态分布。但其中很多项目得分相同，因而难以区分。

9.6.2 实例研究

为比较科学部现行方法与本章提出方法的有效性，从样本空间中抽取了 10 个代表性的项目共 50 份项目评议书。项目原始评估信息如表 9-5 所示，而相关专家可靠性的详细信息在附录 A 中给出。

表 9-5　　　　　　　　　　10 个代表项目的原始评价信息

项目	专家1	专家2	专家3	专家4	专家5
1	$(H_{3,1},1)(H_{2,2},1)$	$(H_{3,1},1)(H_{2,2},1)$	$(H_{3,1},1)(H_{2,2},1)$	$(H_{4,1},1)(H_{3,2},1)$	$(H_{4,1},1)(H_{3,2},1)$
2	$(H_{4,1},1)(H_{2,2},1)$	$(H_{2,1},1)(H_{1,2},1)$	$(H_{4,1},1)(H_{2,2},1)$	$(H_{3,1},1)(H_{2,2},1)$	$(H_{4,1},1)(H_{3,2},1)$
3	$(H_{3,1},1)(H_{2,2},1)$	$(H_{3,1},1)(H_{2,2},1)$	$(H_{4,1},1)(H_{3,2},1)$	$(H_{2,1},1)(H_{1,2},1)$	$(H_{4,1},1)(H_{3,2},1)$
4	$(H_{4,1},1)(H_{2,2},1)$	$(H_{3,1},1)(H_{2,2},1)$	$(H_{2,1},1)(H_{1,2},1)$	$(H_{4,1},1)(H_{3,2},1)$	$(H_{3,1},1)(H_{1,2},1)$
5	$(H_{4,1},1)(H_{2,2},1)$	$(H_{3,1},1)(H_{2,2},1)$	$(H_{1,1},1)(H_{1,2},1)$	$(H_{4,1},1)(H_{3,2},1)$	$(H_{3,1},1)(H_{2,2},1)$
6	$(H_{2,1},1)(H_{1,2},1)$	$(H_{3,1},1)(H_{1,2},1)$	$(H_{4,1},1)(H_{2,2},1)$	$(H_{3,1},1)(H_{1,2},1)$	$(H_{4,1},1)(H_{3,2},1)$
7	$(H_{2,1},1)(H_{1,2},1)$	$(H_{2,1},1)(H_{2,2},1)$	$(H_{3,1},1)(H_{2,2},1)$	$(H_{3,1},1)(H_{2,2},1)$	$(H_{4,1},1)(H_{3,2},1)$
8	$(H_{2,1},1)(H_{1,2},1)$	$(H_{3,1},1)(H_{2,2},1)$	$(H_{2,1},1)(H_{1,2},1)$	$(H_{4,1},1)(H_{3,2},1)$	$(H_{2,1},1)(H_{1,2},1)$
9	$(H_{3,1},1)(H_{3,2},1)$	$(H_{2,1},1)(H_{1,2},1)$	$(H_{2,1},1)(H_{1,2},1)$	$(H_{3,1},1)(H_{2,2},1)$	$(H_{2,1},1)(H_{1,2},1)$
10	$(H_{4,1},1)(H_{3,2},1)$	$(H_{2,1},1)(H_{1,2},1)$	$(H_{1,1},1)(H_{1,2},1)$	$(H_{3,1},1)(H_{2,2},1)$	$(H_{2,1},1)(H_{1,2},1)$

一般来说，给定了同行评审信息，我们认为，汇总结果与最终资助结果越接近，处理方法就越合理可靠。因此，我们以最终的资助结果为基础，将提出的方法与国家自然科学基金委员会现行的方法进行比较。相关方法对项目进行评估排序和选择的量化结果及实际资助情况如表 9-6 所示。表 9-6 中 x 和 O_x 分别为用管理学部现行方法量化的项目得分和排序；y 和 O_y 分别为本章方法量化的项目得分和排序。

表9－6 　　　　　　　　　现行方法与本章方法下得分的比较结果

项目	x	O_x	y	O_y	是否资助
1	4.8	1	0.7755	1	是
2	4.4	2	0.7493	2	是
3	4.4	2	0.7102	3	是
4	4	4	0.6629	4	是
5	4	4	0.6187	6	否
6	3.8	6	0.6371	5	是
7	3.8	6	0.5558	7	否
8	3.2	8	0.4401	8	否
9	3	9	0.4097	9	否
10	3	9	0.3881	10	否

　　如表9－6所示，应用本章方法时，各项目的排名存在一定差异。最明显的区别发生在项目5和项目6中。项目5在基于证据推理规则的方法中从现行方法的第4位下降到了第6位，而项目6在基于证据推理规则的方法中从现行方法的第6位上升到第5位。在基于证据推理规则的方法中，项目6的效用得分高于项目5，而在现行方法中，两者的效用得分顺序相反。项目6在基于证据推理的方法中获得高分的主要原因是专家5对该项目给出了"优"的推荐，并且专家5的可靠性很高，即R_{TP}为0.5714。由于认为专家5更可靠，他的意见在合成过程中被赋予了更重要的作用。相比之下，项目5在现行方法中得分较高，而在基于证据推理规则的方法中得分较低的主要原因是专家4的可靠性为0，尽管专家4同样对项目给出了"优"的推荐。因此，专家4的评审信息与其他专家的信息合成时，会有较大的折扣。从最终的资助结果可以看出，项目6获得资助，项目5却没有。这表明所提出的基于证据推理规则的科研项目评价与选择方法的适用性和有效性。关于基于证据推理规则方法有效性的更多统计数据将在下面的小节中给出。

　　还可以从表9－6中观察到，项目2和项目3、项目4和项目5、项目6和项目7，以及项目9和项目10在使用现行方法时得分相同，但在使用基于证据推理规则的方法时，它们的总体评价得分不同。主要原因是我们同时考虑了两种评价标准的权重，以及不同专家提供的评审信息的可靠性，更符合实际情况。

本节进一步选取a_2和a_3两个项目进行分析，专家提供的原始评价信息和专家可靠性数据列在附录 B 中。使用现行方法得到的两个项目综合得分相同，均为 3.6 分。但是项目a_2得到了资助，而a_3没有。虽然基于证据推理规则的方法下两个项目的总体绩效得分也非常相似，但基于证据推理规则的方法生成的两个项目的综合信度分布却有很大的差异，如图 9-5 所示。

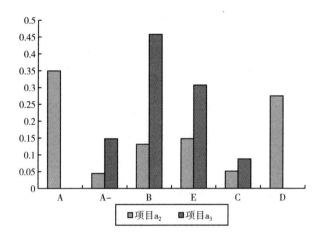

图 9-5　项目a_2和a_3的信度分布情况

从图 9-5 中可以看出，两个项目的分布有很大不同，项目a_2显然分布在两个极端，而项目a_3则表现较为平均。由于科研项目的性质，项目a_2上专家意见反差较大，属非共识项目，可能具有更强的探索性。而项目a_3虽然评价都较好，但可能不符合科研项目的需求。因此，通过提供项目信度分布情况，基于证据规则的方法可以为项目评估和选择提供更为丰富的信息，从而作出明智的决策。

为进一步比较，我们又从样本空间中随机抽取了 9 个代表性的项目共 45 份项目评议书。项目原始评估信息、相关方法对项目进行评估排序和选择的量化结果及实际资助情况如表 9-7 所示。表 9-7 中 x 和 O_x 分别为用管理学部现行方法量化的项目得分和排序；y 和 O_y 分别为本章方法量化的项目得分和排序。

表9－7　科学基金项目专家评价信息及现行方法与本章方法下得分的比较结果

项目	专家1	专家2	专家3	专家4	专家5	x	O_x	y	O_y	资助
1	$H_{2,1},H_{1,2}$	$H_{4,1},H_{3,2}$	$H_{4,1},H_{2,2}$	$H_{4,1},H_{3,2}$	$H_{4,1},H_{3,2}$	5	1	0.8723	1	是
2	$H_{3,1},H_{2,2}$	$H_{4,1},H_{3,2}$	$H_{4,1},H_{2,2}$	$H_{4,1},H_{3,2}$	$H_{2,1},H_{1,2}$	4.6	2	0.7795	2	是
3	$H_{3,1},H_{2,2}$	$H_{3,1},H_{2,2}$	$H_{4,1},H_{3,2}$	$H_{2,1},H_{1,2}$	$H_{4,1},H_{3,2}$	4.4	3	0.7102	3	是
4	$H_{3,1},H_{1,2}$	$H_{3,1},H_{2,2}$	$H_{4,1},H_{3,2}$	$H_{1,1},H_{1,2}$	$H_{4,1},H_{3,2}$	4	4	0.6141	5	否
5	$H_{2,1},H_{1,2}$	$H_{3,1},H_{1,2}$	$H_{4,1},H_{2,2}$	$H_{3,1},H_{1,2}$	$H_{4,1},H_{3,2}$	3.8	5	0.6371	4	是
6	$H_{2,1},H_{2,2}$	$H_{3,1},H_{2,2}$	$H_{3,1},H_{2,2}$	$H_{3,1},H_{2,2}$	$H_{3,1},H_{2,2}$	3.8	5	0.5896	6	否
7	$H_{2,1},H_{1,2}$	$H_{4,1},H_{3,2}$	$H_{3,1},H_{2,2}$	$H_{3,1},H_{2,2}$	$H_{2,1},H_{1,2}$	3.6	7	0.5427	7	否
8	$H_{2,1},H_{1,2}$	$H_{2,1},H_{1,2}$	$H_{3,1},H_{2,2}$	$H_{4,1},H_{3,2}$	$H_{3,1},H_{1,2}$	3.2	8	0.4982	8	否
9	$H_{2,1},H_{1,2}$	$H_{3,1},H_{2,2}$	$H_{2,1},H_{1,2}$	$H_{4,1},H_{3,2}$	$H_{2,1},H_{1,2}$	3.2	8	0.4401	9	否

从表9－7可以看出，与管理学部现行方法相比，两种方法都同样使用了专家通讯评审的意见并进行处理，但得出的分值和排序具有较大差异。首先，用管理学部现行方法部分项目的得分相同，无法区分优劣，例如项目5和项目6，项目8和项目9。本章的方法则有效避免了这一问题，下面的统计分析进一步证明了此特点。其次，某些项目的排序发生了变化。例如项目4和项目5，用现行方法的得分分别为4分和3.8分，而基于证据推理规则的方法项目5得分为0.6371，显著高于项目4的0.6141分。分析发现，项目5在本章方法下评分较高的原因是在权重较大的"综合评价"指标上评价优于项目4，且给出"资助"决策的专家，其提供信息的可靠性更高。反观项目4，现行方法下得分较高的原因是专家3和专家5评价较高，而他们的可靠性相对较低。充分考虑并利用权重和可靠性参数，能够获得更加科学合理的评估结果。从立项结果来看，项目5获得了立项，而项目4没有，这也证明了本章方法的有效性。

值得注意的是，项目5和项目6按现行方法得分相等，均为3.8分，依据本章提出的方法得分区别也不甚明显，但资助结果却截然相反。为此，我们分析两个项目的信度分布结果，如图9－6所示。

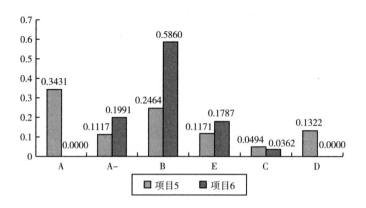

图9-6　项目5和项目6的信度分布情况

从图9-6中可以看出，两个项目的信度分布有很大不同，项目5分布在两个极端，表明部分非共识评价优秀，而项目6则所有评价较一般。由于科学基金项目的性质，项目5上专家意见反差较大，属非共识项目，可能具有更强的探索性。而项目6虽然评价都良好，但不符合科学基金项目的潜力需求。

9.6.3　统计对比分析

为进一步验证本章方法的有效性，应用本章的方法和学部现行的方法分别将1 225个项目量化得分排序之后进行了统计分析。由于样本中总共包含了210个被资助项目，因而采用两种方法下排序前210名项目的实际资助结果来衡量方法的有效性，比较了排序在前210名中两种方法下各项目的资助情况，如表9-8所示。

表9-8　　　　两种方法下前210名项目的资助情况

项目	资助数	未区分项目数	未资助数	总数
本章方法结果	164	0	46	210
现行方法结果	151	30	29	210

从表9-8中可以看出，依据本章提出的方法排序后，前210名项目中有164个项目被资助，而现行方法只有151个项目被资助。且现行方法排序

结果中从第181名开始，有56个项目得分相同（均为4.0分）。考虑现行方法无法区分第181～236的该56个项目，图9－7以累积形式进一步比较了本章提出的基于证据推理规则评估方法和科学基金现行方法的量化排序结果。

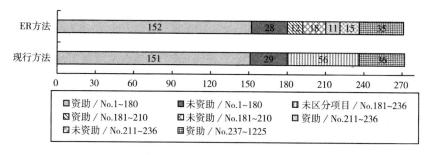

图9－7　两种方法下所有项目得分排序后实际资助情况对比

通过图9－7可知，虽然两种方法在排序前180名中的实际被资助项目数差别不大，但现行方法无法区分一组较大数目的56个项目，该组项目的评价得分在实际决策过程中无法传递有效信息，而本章提出的方法则避免了此类问题。此外，该方法可进一步通过对历史评价数据的学习调整评估参数，以减少排序在210名之后的实际被资助项目数。

9.7　本章小结

科学基金项目立项评估与选择是一种多专家、多指标的决策问题，采用科学的方法表示专家的意见并进行集结，是综合处理阶段的重要环节，也是科学基金项目立项的依据和基础。本章提出了一种基于证据推理规则的综合期望效用与信度分布特征的科学基金项目立项评估模型。与现行方法和已有研究相比，本章的创新点在于：（1）充分利用目前已有的通讯评审信息，建立基于证据推理规则的多专家、多指标的评估模型，更具针对性，且不改变现行通讯评审体系和流程，可操作性强；（2）引入评估信息可靠性，可以有效利用不同质量的评审信息；（3）结合应用信度分布表征项目的整体评价结果，包含了更丰富的信息；（4）采用效用函数计算方案的综合得分，在一定程度上减少项目得分相同的情况。在有限的科学基金项目立项评估抽样信息基础上的实证结果表明，本章提出的方法可充分利用现行通讯评审的信息，改进决策，提升资助结果的可说明性。

本章的研究中，假设评价等级的效用在归一化效用空间中呈线性分布，在实践中可能会不能准确地反映决策者的偏好。因此，根据历史评估信息，建模学习分析决策者偏好的研究需要进一步深入探讨。

第10章

基于证据推理规则的科学基金立项评估
与决策优化模型及其应用

作为一个典型的多指标群体决策问题，研发项目选择涉及由不同识别框架制定的多个决策指标以及具有不同权重和可靠性的多个专家。证据推理规则是处理此类多指标群体决策问题的合理且严谨的方法，可以为每个研发项目生成全面的分布式评估结果。本章提出了一种基于证据推理规则的、考虑专家权重和可靠性的研发项目选择模型。在该方法中，采用基于效用的信息转换技术处理不同评价等级的定性评价标准，并将指标的自适应权重和分配给评价等级的效用引入基于证据推理规则的模型，进一步提出了一个非线性优化模型用于权重和效用的优化。本章以国家科学基金项目为例，说明了该方法如何用于支持研发项目选择。研究数据表明，通过使用历史数据中修正的权重和效用，评估结果变得更可靠、更符合实际。

10.1 引　　言

在资金和资源有限的情况下，依靠研发来保持持续竞争力的组织和公司始终面临着研发项目的评估和选择问题。选择和资助哪些研发项目的决策通常对基于技术的组织的生存能力和发展具有重大影响（Collan and Luukka，2013；Meade and Presley，2002）。研发项目选择是一个典型的多指标群体决策问题，其主要目标是通过多个专家、根据多个指标进行评估，从给定科研项目中选择合适的项目（Liu et al.，2010；Mahmoodzadeh et al.，2007）。

研发项目评估和选择对于研发项目管理组织来说是一项重大而富有挑战性的任务，尤其是对于政府和国家科学基金等公共资助机构而言。项目评估和选择基本过程通常包括六个步骤，即提案提交、初步审查、项目评估的同行评审、评审结果的汇总以及小组会议评估和最终决策（Tian et al.,2005）。它是一个复杂的决策过程，涉及多个评价标准和多个决策者（Liu et al.，2010；Chiang and Che，2010）。所涉及的标准可以是定量的，也可以是定性的，前者可以通过数值轻松定义，而后者通常通过一组评价等级来定义。

为了支持决策者作出合理的决策，研究人员在过去几十年中提出了各种各样的研发项目评估和选择方法。已有文献对这些研发选择方法的主题进行了全面的回顾和比较研究（Poh et al.，2001；Heidenberger and Stummer，1999；Henriksen and Traynor，1999；Jackson，1983；Baker and Freeland，1975）。根据 Heidenberger and Stummer（1999）的研究，研发项目选择中使用的主要方法可归纳为以下五类。（1）效益衡量方法；（2）决策理论；（3）数学规划；（4）人工智能；（5）模拟和启发式方法。如图 10 – 1 所示。

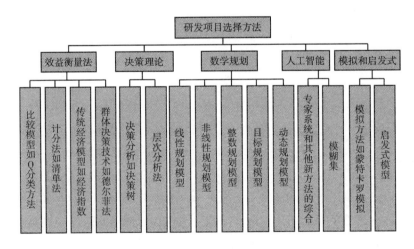

图 10 – 1 研发项目选择方法的类别

在这五类方法中，决策理论类方法是研究者研究和应用较广泛的方法之一。例如，层次分析法（AHP）（Saaty，1980）是一种通过对决策问题的评价标准进行层次分解来比较备选方案的方法，Amiri（2010）和 Huang 等（2008）已将该方法用于研发项目评估。综合方法也被用于评估和选择研发项目，例如，Feng 等（2011）提出了一种将 AHP、评分和加权几何平均法相结合，用于研发项目评估的方法。此外，既有文献还进行了比较研究，以分析这些研发项目评估方法的优缺点（Heidenberger and Stummer，1999）。

然而，AHP 模型存在"等级反转问题"，大量的两两比较可能是决策者面临的另一个严重挑战（Poh et al.，2001）。此外，当前的研究结果表明，以往对研发项目评估方法的研究几乎都侧重于描述方法的机制，并根据研发项目的性质分析其优缺点（Poh et al.，2001；Hsu et al.，2003）。经典方法存在许多缺陷，从方法论问题（不确定性处理、多标准等）到更根本的整体方法问题。这些模型往往忽略了组织决策过程，尽管它们在数学意义上可能是有效的（Schmidt and Freeland，1992）。因此，许多已有研究提出的模型和方法没有得到应用，它们对现实世界中研发项目选择的决策影响有限（Tian et al.，2005）。在本章中，我们提出应用证据推理规则（Yang and Xu，2013、2014）用于问题建模和不确定性评估信息的汇总。证据推理规则是从用于多标准决策分析的证据推理方法发展而来的（Yang and Singh，1994；Yang and Xu，2002），该方法基于 Dempster and Shafer 提出的证据理论（Shafer，1976）。证据推理方法的核心构成了一个合理的汇总算法，即证据推理算法。尽管证据推理方法已广泛应用于一系列领域，例如工程设计、项目管理和供应链管理、环境和可持续性管理、政策制定和群体决策（Xu，2012），但它假设一项证据的权重始终等于证据的可靠性，但在实践中可能并不总是如此。证据的可靠性代表了信息源的质量及其对给定决策问题进行正确评估的能力，并且对决策的质量有重大影响。在评估和选择研发项目的情况中，提供评价意见的过程往往被指责存在各种偏见和利益冲突（Wessely，1998；Južnič et al.，2010）。所以考虑可靠性可以衡量评估信息的质量，并能反映其在意见合成过程中的有限作用。

在本章中，我们使用最新开发的证据推理规则，提出了一种有效的评估和选择研发项目的模型（Yang and Xu，2013）。作为证据推理算法的推广，证据推理规则是一个通用的概率推理过程，可以通过考虑证据的权重和可靠性来组合多个独立证据。该方法具有将信息源的重要性和可靠性分开管理，且对高度或完全矛盾的证据进行合理处理的特点。证据源的可靠性代表其对给定问题提供正确判断或信息的能力。因此，证据推理规则非常适合于建模和汇总一组专家提供的项目评估信息（Yang and Xu，2013）。

本章的其余部分组织如下。在"模型构建"部分，提出了研发项目的多专家、多指标评估模型及其操作步骤，并重点分析了模型的优化学习部分。在"科学基金立项评估应用分析"部分，对国家自然科学基金项目选择进行了案例研究，并给出了选择结果和敏感性分析。最后一部分对本章进行了总结。

10.2 模型构建

在本节中，我们首先提出了具有多个指标和多个专家的研发项目选择模型。其次介绍了该方法的主要步骤，尤其是优化学习过程。该模型注重对专家提供的评价信息进行表示和合成，为出资机构根据专家评价作出更好的资助决策提供了一种灵活的方式和参考。

10.2.1 研发项目的多专家多指标评估模型

用于衡量项目研发绩效的评价指标可能因项目所属研发计划的独特特点而有所不同（Jung and Seo，2010）。为了从有限数量的项目 $a_m (m = 1, 2, \cdots,$ M)中评估和选择适当的备选方案（即项目），需要通过明确定义的评价等级

$H = \{H_1, H_2, \cdots, H_n, \cdots, H_{N_i}\}$ ($n = 1, 2, \cdots, N_i$) 来衡量备选方案在评估指标上的表现。同时，有必要为每个指标分配权重w_i，以反映其相对重要性。应注意的是，每个指标可能有多个次级标准。正如前面所述，评价指标可以是定性的，也可以是定量的。然后，要求专家使用已经定义的等级对项目进行评价，评价信息可以被视为证据，由信任结构表示，以供进一步分析。每个专家根据 L 个基本指标评判一个项目，判断结果可以是数值，也可以是从预定义的评价等级中选择的等级。与专家的可靠性和权重一起，使用证据推理规则合成不同专家在相同指标上为同一备选方案提供的评估信息。如果一项指标及其子指标是用不同的等级或不同的识别框架来衡量的，那么随后就需要把对子指标的综合评价转化为统一的、衡量更高一级的指标等级上所表示的评价，以便进一步综合。不同识别框架之间的信息转换可以在效用等价的基础上进行，如 9.3.1 节所示，更进一步的不同指标合成结果可用于对项目进行排名。

通常，假设有 K 个专家在 L 个基本指标进行评估，则研发项目评价层次结构可建模如图 10 - 2 所示。

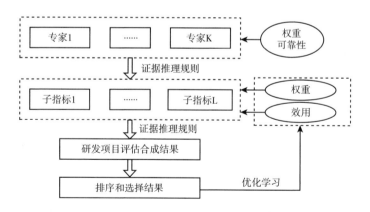

图 10 - 2 研发项目评价的层次结构模型

如图 10 - 2 所示，需要通过优化学习确定的参数是指标的权重和分配给评价等级的效用。在评价模型中，利用证据推理规则将专家评审信息与权重和可靠性进行合成。

10.2.2 评估模型的步骤

收集评价意见信息后，可以通过以下四个步骤完成评估模型。

步骤1：综合多个专家在每个指标上的评价意见。根据"基于专家主观判断的证据信度获取方法"小节，我们可以得出不同指标下的信度分配。然后，利用"证据的权重和可靠性"章节中介绍的方法，得到多个专家评价的权重和可靠性。在这一步，将使用证据推理规则分别汇总多个专家在各种指标上的评估信息。

步骤2：转换不同指标上的评价信息。在实际决策环境中，通常使用不同的评价等级集来评估不同的定性指标。为了得到每个项目的预期效用或价值的整体表现，由不同识别框架上的信度分配所呈现的原始评价需要转换到一个公共的识别框架上。当效用可以明确估计时，可以应用基于效用的信息转换技术来实现转换过程（Yang，2001）。在此步骤中，可以通过使用"基于效用的不同识别框架下的信息转换"这一部分中介绍的技术来获得转换后的信息。应该注意的是，分配给评价等级的效用是下面步骤描述和实例分析中的优化学习模型要训练调整的参数之一。

步骤3：根据多个指标合成项目绩效信息。在此步骤中，再次使用证据推理规则来合成多个指标上的项目绩效。直接赋值法可用于生成初始指标权重。接下来的优化学习模型将权重作为待调整参数。由于此步骤中使用的信息是由前面的步骤生成的，在后续的合成中不考其可靠性，然后可以使用证据推理规则进行合成（Yang and Xu，2002）。假设p_n是支持θ_n的综合信度，项目a_1的整体表现可以用信度分配来描述，即：

$$S[y(a_1)] = \{(H_j, p_j), j = 1, 2, \cdots, N\} \tag{10.1}$$

步骤4：计算项目的总体预期效用。项目的总体预期效用 u 可以用来表示项目的总体绩效，其计算方法如下：

$$u = \sum_{j=1}^{N} u(H_j) p_j \tag{10.2}$$

然后利用生成的效用 u 对项目进行排序，排序列表可用于确定优化学习模型中的资助阈值，也可用于最终决策过程中的项目选择。

10.2.3   优化学习以提高项目选择的一致性

按照上一节的步骤 1 ~ 步骤 4 可以合成评审信息，获取研发项目的排序列表。对于历史参与同行评议的项目，其专家评估信息和实际资助结果已知。此类历史信息对于修正所提出方法中的参数非常有用，因此，通过比较基于证据推理规则评估与决策模型的推理结果与基金委现行评审系统的资助结果，使用两者尽可能一致。为了提高该一致性，评估指标的权重、评价等级的效用等参数可以通过图 10 – 3 所示的优化学习模型进行调整。

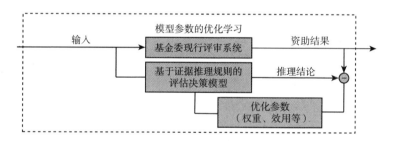

图 10 – 3   基于证据推理规则评估决策模型的优化学习

假设 d_m 表示已经完成项目评审并已发布资助决策的第 m 个项目的实际资助结果。这是一个二分类变量，具体来说，如果第 m 个项目实际得到了资助，则 $d_m = 1$。反之，若该项目实际未得到资助，则 $d_m = 0$。在本章提出的方法中，需要确定一个效用阈值 u^{Thr}，代表第（A + 1）个项目的效用，其中，A 表示样本中获得资助的项目数。若项目的总效用值超过阈值，则其应该得到资助。因此，优化的目标是最大限度地增加本章所提方法结果为资助且实际确实得到资助的项目数，可构建优化学习模型，即：

$$\text{Max} \sum_{m=1}^{M} \text{sign} \left[d_m (u_m - u^{Thr}) \right] \tag{10.3}$$

$$\text{s. t.} \begin{cases} \sum_{i}^{L} w_i = 1 \\ u(H_{n,i}) < u(H_{n,i+1}) \\ u(H_j) < u(H_{j+1}) \\ 0 \leqslant w_i \leqslant 1, i = 1, \cdots, L \\ 0 \leqslant u(H_{n,i}) \leqslant 1 \\ 0 \leqslant u(H_j) \leqslant 1 (j = 1, \cdots, N) \end{cases} \tag{10.4}$$

该非线性优化模型包含 L 个变量代表 L 个指标的权重，以及 $N + \sum_{i}^{L} N_i$ 个变量代表评价等级的效用。该优化学习模型可通过 MATLAB 优化工具箱中的 fmincon 函数进行求解。

在计算指标的修正权重和分配给各评价等级的修正效用后，评估转换、指标信息合成和整体预期效用计算程序应再次运行，以确定项目的排序和选择。

10.3 科学基金立项评估应用分析

10.3.1 评估步骤与举例说明

在本部分中，我们将使用科研项目的评审信息来说明本章所提出的方法。用以评价科研项目的两个评价指标分别为：综合评价（C_1）和资助意见 C_2。两个评价等级集合 $H_{:,1} = \{优, 良, 中, 差\} = \{H_{4,1}, H_{3,1}, H_{2,1}, H_{1,1}\}$ 和 $H_{:,2} = \{优先资助, 可资助, 不予资助\} = \{H_{3,2}, H_{2,2}, H_{1,2}\}$，分别是用来评估两个基本评价指标的。

在本章中，样本只选取了有 5 位评审人评审的项目（即评审专家数 K = 5），数据集包含 1 225 个项目，其中的 210 个获得了资助，剩余的 1 015 个未获得资助。选择其中一个项目为例，由 5 位专家 E_k（k = 1, 2, 3, 4, 5）对其进行评价，相关信息如表 10 - 1 所示。

表 10-1　　　　　　　　　项目原始评价及专家的可靠性和权重

专家	指标（权重）		可靠性	专家权重
	C_1（0.6667）	C_2（0.3333）		
E_1	$H_{4,1}$	$H_{2,2}$	0.25	0.2
E_2	$H_{2,1}$	$H_{1,2}$	1	0.2
E_3	$H_{4,1}$	$H_{2,2}$	0.375	0.2
E_4	$H_{3,1}$	$H_{2,2}$	0.3333	0.2
E_5	$H_{4,1}$	$H_{3,2}$	0.4286	0.2

在表 10-1 中，采用"基于混淆矩阵的证据可靠性度量"小节中提出的方法并利用专家历史评审信息数据，来计算每个专家的可靠性。对于没有历史评审记录的专家，可用平均可靠性来替代其缺失值。采用直接赋值法确定专家权重，在本例中，五个专家的权重均为 0.2。证据推理规则用于合成各个专家对在每个指标上的评估建议，结合表 10-1 中的数据，五个专家在指标C_1和C_2的合成结果可表示为：

$$S(C_1) = \{(H_{4,1}, 0.6311), (H_{3,1}, 0.1703), (H_{2,1}, 0.1986)\}$$

和

$$S(C_2) = \{(H_{3,2}, 0.1741), (H_{2,2}, 0.6269), (H_{1,2}, 0.1990)\}。$$

上层指标通过一个公共识别框架中的六个评价等级来评估：$H_j = \{A, A-, B, E, C, D\} = \{H_6, H_5, H_4, H_3, H_2, H_1\}$。首先，$H_{:,1}$，$H_{:,2}$ 和 H_j 的评价等级的初始效用可以假设在 $[0, 1]$ 区间内线性分布。其次可对其进一步优化调整。最后，使用"基于效用的不同识别框架下的信息转换"小节中介绍的技术将 $S(C_1)$ 和 $S(C_2)$ 转换到公共识别框架上，即：

$$T(C_1) = \{(H_6, 0.6311), (H_5, 0.0568), (H_4, 0.1135), (H_3, 0.1324),$$
$$(H_2, 0.0662)\}$$

和

$$T(C_2) = \{(H_6, 0.1741), (H_4, 0.3135), (H_3, 0.3135), (H_1, 0.1990)\}。$$

假设C_1和C_2的初始权重值分别为 2/3 和 1/3，$T(C_1)$ 和 $T(C_2)$ 合成的结果为：

$$S = \{(H_6, 0.5430), (H_5, 0.0422), (H_4, 0.1561), (H_3, 0.1723),$$
$$(H_2, 0.0493), (H_1, 0.0370)\}。$$

通过以上步骤得到的合成结果 S，结合公共识别框架上各评价等级的效用值，即可得到该项目的总体预期效用为 0.7493。

在上面的例子中，我们假设指标 C_1 和 C_2 的权重分别为 2/3 和 1/3。同时，还假设了指标 C_1 的 4 个等级、指标 C_2 的 3 个等级和上层指标的 6 个等级中的每一个等级的效用。进一步研究可以对这 15 个参数进行修正调整，使依据该方法计算的效用分数高的项目尽可能多地属于"实际获得资助"类别。设计 MATLAB 程序用来实现上述步骤，并对 15 个参数进行优化。使用 1 225 个项目的整个数据集运行程序，获得了最优权重和效用，即：

$$w_1 = 0.6560, w_2 = 0.3440;$$

$$u(H_{:,1}) = \{0.9304, 0.6491, 0.3509, 0.0696\};$$

$$u(H_{:,2}) = \{0.9505, 0.2316, 0.0495\};$$

$$u(H_j) = \{0.9724, 0.7684, 0.5956, 0.4044, 0.2316, 0.0276\}。$$

使用优化后的参数，在所提出的方法下，本例中项目的最终总体预期效用为 0.7085，而在国家自然科学基金现行方法下，总得分为 4.4 分。

10.3.2 评估结果与分析

本小节应用该方法对 1 225 个国家自然科学基金项目进行了评价。由于实际资助结果中有 210 个项目获得了资助，因而选取两种方法（即国家自然科学基金现行方法和本章提出的方法）对所有项目进行排序，并对排名前 210 的项目进行分析，结果如表 10 – 2 所示。

表 10 – 2　　　　　　　　两种方法下排名前 210 的项目实际结果

结果	资助数	未资助数	未区分数*	总数
现行方法结果	151	29	30	210
本章方法结果	168	42	0	210

注：*未区分意味着项目得分相同，无法确定优劣。

从表 10 – 2 中可以看出，在本章方法下排名前 210 的项目中有 168 个获得了资助，而在现行方法下只有 151 个项目获得资助。按照现行的方法，从第 181 个项目开始，有 56 个项目得分均为 4.0 分，如图 10-4 所示。在这 56 个得分相同的项目中，有 23 个项目获得资助，获资助率 = 23÷56≈0.41。依据此获资助率，现行方法结果中"未区分数"组内 30 个项目大约会有 12 个资助项目。

如图 10-4 所示，两种方法在前 180 名的项目中差异不大，但本章提出的方法在前 181~前 210 名的项目中表现较好。还需要注意的是，现行方法无法区分一组包含 56 个项目的集合，也就是排名前 181~前 236 的集合，因为它们共享相同的分数。分配给一组项目相同的分数无法为决策过程中提供有效支持。因此，决策者很难从中选择合适的项目。本章的方法避免了这类问题，并以一种更具辨别力的方式传递决策信息。

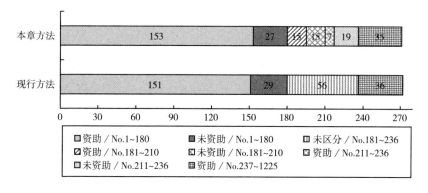

图 10-4　两种方法产生的排序后实际资助结果对比

10.4　敏感性分析

在本节中，将对指标的权重和分配给各评价等级的效用等参数进行敏感性分析。选择排序在前 210 名左右，即处于被资助和未被资助边界的四个代表性项目 a_m（$m=1,2,3,4$），在不同的权重和效用设置下进行对比分析。在四个项目中，a_1 和 a_4 获得了资助，而 a_2 和 a_3 则没有获得资助。表 10-3 给出了五位专家对 a_m 的原始评估（OA of a_m）信息以及相应的可靠性（R of a_m）的结果。

表 10 - 3　　　　　　　　四个项目的原始评估信息及相应的可靠性

专家	OA of a_1	R of a_1	OA of a_2	R of a_2	OA of a_3	R of a_3	OA of a_4	R of a_4
E_1	$H_{4,1}, H_{2,2}$	0.2726	$H_{4,1}, H_{2,2}$	0.1875	$H_{4,1}, H_{3,2}$	0.2726	$H_{4,1}, H_{3,2}$	0.5000
E_2	$H_{3,1}, H_{1,2}$	0.9592	$H_{3,1}, H_{1,2}$	1.0000	$H_{4,1}, H_{3,2}$	0.5000	$H_{2,1}, H_{2,2}$	0.2726
E_3	$H_{4,1}, H_{2,2}$	0.2726	$H_{4,1}, H_{3,2}$	0.3000	$H_{2,1}, H_{1,2}$	0.9592	$H_{3,1}, H_{2,2}$	0.2726
E_4	$H_{2,1}, H_{1,2}$	1.0000	$H_{2,1}, H_{1,2}$	0.9592	$H_{2,1}, H_{1,2}$	0.9592	$H_{3,1}, H_{1,2}$	0.9592
E_5	$H_{3,1}, H_{2,2}$	0.1667	$H_{3,1}, H_{1,2}$	0.9592	$H_{3,1}, H_{2,2}$	0.3333	$H_{3,1}, H_{2,2}$	0.5000

根据表 10 - 3 中的原始评估信息，根据国家自然科学基金现行方法计算，项目 a_1 和 a_2 的得分均为 3.8 分，项目 a_3 和 a_4 的得分均为 4.0 分，因此，四个项目的排名可表示为 $a_3 = a_4 > a_1 = a_2$。接下来，我们将根据本章提出的方法，研究不同参数设置下四个项目的得分排序结果。初始设置下指标的权重和分配给各评价等级的效用如下：

$$w_1 = 0.6667, w_2 = 0.3333;$$

$$u(H_{:,1}) = \{1, 0.6667, 0.3333, 0\};$$

$$u(H_{:,2}) = \{1, 0.5, 0\};$$

$$u(H_j) = \{1, 0.8, 0.6, 0.4, 0.2, 0\}。$$

应用以上权重和效用的初始值，并对整个数据样本运行优化学习程序，我们可以得到调整后的权重和效用，如"10.3.1 评估步骤与举例说明"节所示。按照此优化结果，四个项目排序如表 10 - 4 所示。可以看出，项目 a_1 和 a_4 排序在前 210 名中，将会获得资助，这与实际结果一致。

表 10 - 4　　　　　　　　基于优化权重和优化效用的排序结果

项目	总体期望效用	排序结果
a_1	* 0.6084	
a_2	0.6047	$a_4 > a_1 > a_2 > a_3$
a_3	0.6049	
a_4	* 0.6138	

注：* 标记的总预期效用代表该得分排序位于前 210 名中。

从表 10 - 4 中可以发现，四个项目的总预期效用并不相等。这意味着使用本章提出的方法可以成功地区分项目。与国家自然科学基金现行方法中的排名结果进行对比，我们还可以发现，本章方法与实际资助结果保持了更高的一致性。

10.4.1　指标权重的敏感性分析

使用优化学习模型计算的指标权重反映了基于历史数据下指标对资助决策的真实贡献程度。在该敏感性分析中，我们将使用直接赋值法生成的初始权重和经过优化调整的评价等级效用来计算四个项目的总预期效用，并对其进行分析。初始设置的权重和经过调整的评价等级的效用如下：

$$w_1 = 0.6667, w_2 = 0.3333;$$

$$u(H_{:,1}) = \{0.9304, 0.6491, 0.3509, 0.0696\};$$

$$u(H_{:,2}) = \{0.9505, 0.2316, 0.0495\};$$

$$u(H_j) = \{0.9724, 0.7684, 0.5956, 0.4044, 0.2316, 0.0276\}。$$

使用以上参数值运行 MATLAB 程序进行计算，可以获得初始权重和优化效用下的排序结果，如表 10 - 5 所示。

表 10 - 5　　　　　　　　　初始权重和优化效用下的排序结果

项目	总期望效用	排序结果
a_1	* 0.6142	
a_2	* 0.6112	$a_4 > a_1 > a_2 > a_3$
a_3	0.6068	
a_4	* 0.6161	

注：* 标记的总预期效用代表该得分排序位于前 210 名中。

表 10 - 5 的排序结果与表 10 - 4 相同。然而，使用初始权重和经过修整的效用，拟议方法将项目 a_2 排名在前 210 的项目之内，而在表 10 - 4 中，项目排名在前 210 的项目之外。这意味着使用初始权重的方法会将项目 a_2 错误地划分为"获得资助"类别。本实例研究表明，优化调整权重对构建一个能够支持决策过程的模型很重要。

10.4.2 评价等级效用的敏感性分析

在对指标权重进行敏感性分析后，我们进一步使用经过优化后的指标权重和最初分配给评价等级的效用来计算每个项目的总预期效用。然后将其排序结果与表 10 - 4 中基于优化权重和优化效用的排序结果进行比较分析。具体敏感性分析的参数设置如下：

$$w_1 = 0.6560, w_2 = 0.3440;$$

$$u(H_{:,1}) = \{1, 0.6667, 0.3333, 0\};$$

$$u(H_{:,2}) = \{1, 0.5, 0\};$$

$$u(H_j) = \{1, 0.8, 0.6, 0.4, 0.2, 0\}。$$

根据上述参数值，我们可以计算出四个项目的总预期效用。表 10 - 6 列示了基于优化权重和初始效用的项目总预期效用和排序结果。

表 10 - 6   优化权重和初始效用下的排序结果

项目	总预期效用	排序结果
a_1	* 0.6274	
a_2	* 0.6252	$a_4 > a_3 > a_1 > a_2$
a_3	* 0.6285	
a_4	* 0.6304	

注：* 标记的总预期效用代表该得分排序位于前 210 名中。

可以观察到，无论是基于优化后的参数还是基于其初始设置，项目 a_4 在四个项目中都是排名第一的。基于优化效用的表 10 - 5 中，项目 a_3 是四个项目中最差的，而项目 a_2 则在基于初始效用（见表 10 - 6）中排名最后。还有一个观察结果是，在表 10 - 6 中，四个项目都被标记了"*"号，也就意味着其都被分在了排序前 210 名的组中，这与实际的资助结果或基于优化效用的结果不一致。因此，可以得出结论，当评价指标权重和评价等级效用发生变化时，四个项目的排名结果可能会发生变化。

10.5　本章小结

本章提出了一种基于证据推理规则的，采用多专家、多指标评判方法的研发项目评价与选择模型，并在此基础上提出了一种非线性优化学习模型。在这种方法中，历史数据可以用来优化调整指标的权重和分配给评价等级的效用。专家的可靠性也可以通过使用历史数据来计算。该方法为项目评估信息的表达和处理提供了一种灵活的方式和严格的程序，为资助决策提供了支持。基于国家自然科学基金的一系列案例研究结果表明，该方法可以为决策者提供一种信息工具，用于具有多专家、多指标的项目评估过程。本章还对指标的权重和分配给评价等级的效用进行了敏感性分析。结果表明，该方法在支持研发项目评价和选择决策方面优于现行方法，特别是在多个专家和多个指标的情况下。此外，它为评估框架中的参数学习优化提供了一种有效和灵活的方式。

本章研究中根据国家自然科学基金的现状，假设所有专家的权重相等，这可能并不能反映专家的真实作用。因此，专家的相对重要性需要进一步研究，例如利用自信或熟悉程度来衡量权重。此外，以前没有评估过任何项目的专家的可靠性也被平均可靠性所取代。在进一步的研究中，可以考虑专家的知识背景、专业知识和判断能力，得出更合理的结果。在实践中，基于长期积累的历史数据，我们可以得到更准确的可靠性计算结果。可靠性的研究为提高专家指派的合理性提供了重要的参考价值。总的来说，所述方法补充了国家自然科学基金项目评估和选择中已经使用的概念和方法，并为政府组织和公司进行项目评估和选择决策提供了一种新的方式。

第 11 章

结论与展望

本章对全书的主要研究结论进行归纳和总结，并指出了本书研究的局限性及未来可能的研究方向。

11.1 主要研究结论

科研项目立项评审是科研活动的起点，也是科研项目管理活动的重要内容。科学基金立项评估属于多属性群决策问题，评估决策以同行评议专家的评审意见为根本依据，因此，如何科学合理地处理评审意见是立项评估中最关键的问题。以证据推理规则为基础，本书研究如何集结并利用专家通讯评审信息，解决目前科学基金立项评估中对专家一视同仁、不能有效区分项目等问题，取得的主要研究成果和发现如下。

（1）阐述了目前科学基金立项评估的方法及现行方法在评估信息表达和专家意见综合处理中存在的问题。为解决现行方法中对多位专家评审意见的过于简单、量化信息过于粗糙、将多个具有不同知识背景和经验的专家提供的评议信息一视同仁等问题，基于证据推理规则，本书从多源信息合成的视角研究了科学基金立项评估问题，分析了科学基金评议信息的逻辑关系，并建立了基于证据推理规则的评价与推理模型。在此基础上从评议专家意见的表示、专家权重和可靠性及指标权重的确定、多个评议专家在多个指标上评议意见的集结和决策规则的选择四个方面分析了基于证据推理规则的科学基金立项评估方法的关键问题。研究了两种不同证据信度函数获取方法下两种基于证据推理规则的科学基金立项评估逻辑框架，分别构建了基于统计数据和基于专家主观判断的科学基金立项评估模型。

（2）提出了基于混淆矩阵的专家评估信息可靠性的概念和度量方法。通过对专家历史评审数据的分析得知，一般情况下专家在给出"资助"意见时的可靠性与其给出"不资助"时的可靠性有很大差异，因此，在不同情况下利用可靠性信息时应有所区别。基于混淆矩阵，通过对专家历史评估数据的积累和使用，实现不同资助意见下两种专家评估信息可靠性的度量并纳入评估决策模型中，在合成群体专家评估意见时能够更加充分和合理地利用专家意见。

（3）根据贝叶斯方法中的似然函数和证据推理规则中的信度函数的关系，利用历史数据刻画出专家提供的语言评价等级意见与实际资助结果之间的映射关系，以此获得证据信度函数。该证据信度函数获取方法能够清晰地展示专家提供的语言评价等级与实际资助结果的关系，并以概率的形式表示出来。基于获得的证据信度函数，研究了多指标群体专家的意见合成问题，提出了以项目可能获得资助的概率大小作为排序依据的决策方法。

（4）针对需要直接利用专家给出的语言评估意见进行决策的情况，提出了综合期望效用与信度分布特征的科学基金立项评估决策模型。设计了基于效用的不同识别框架下的信息转换方法，根据评价等级的效用将具有不同语言评价等级基础指标上的信息转换到总指标上，以便进一步合成不同基础指标上的信息。引入期望效用函数得到各项目的期望效用值以供排序择优，并结合应用信度分布表征项目的整体评价结果，包含了更丰富的信息。

（5）提出了指标权重以及语言评价等级效用的优化学习模型。本书提出的指标权重和评价等级的效用等相关参数是依据专家判断的，即依据实践情况做了简单假设，这可能与实际决策过程中的值有所差异。因此，本书进一步将已有的数据作为学习样本，建立优化模型学习指标的权重和识别框架上各等级的效用，得到更为合理的科学基金项目立项评估决策模型。

（6）以国家自然科学基金面上项目评审意见处理为实例，验证了本书所提出问题的现实研究意义。而且，以项目最终的资助结果作为评判依据，通过与现行评审意见处理方法的比较研究，也验证了本书提出的考虑可靠性的基于证据推理规则的科学基金立项评估决策模型的实用性和有效性，为科学基金立项评估决策提供了一种新的模式。

11.2 研究局限及未来可能的研究方向

本书对科学基金立项评估中处理专家意见集结的相关问题进行了比较深入的研究，提出了基于证据推理规则的专家评议意见合成方法及立项评估决策模型，取得了一些有价值的研究成果，但作为一项探索性的研究，同时受到笔者学识水平及研究能力的限制，还存在不少问题有待进一步研究。

（1）专家评估信息可靠性的研究。对于没有历史评估信息如第一次参与立项评估或历史信息缺失的评审专家，本书在实证分析中用已有专家可靠性的平均值代替了此类专家的评估质量，在实践中这一做法值得改进，例如，可利用评价意见表里的"熟悉程度"对专家评估信息的可靠性进行修正，未来可进一步进行相关研究。另外，在依据专家历史评估准确度确定专家评估信息可靠性方法的基础上，未来可依据专家的学科领域、研究方向以及个人科研成就等对可靠性进行调整，以期获得更为准确的可靠性信息。

（2）应用层面的拓展研究。本书虽然从理论和方法的角度研究了国家自然科学基金面上项目立项评估决策问题，拓展了科学基金立项评估问题的研究思路，但是还应该加强此问题的应用研究，从实践中发现此类问题的处理机制并进一步完善其理论体系，从应用层面构建基于证据推理规则的科学基金立项评估方法具有深入研究的价值和现实意义。

附录 A

相关专家可靠性的详细信息

由于某些专家的历史评审记录缺失可能缺失，此类专家的评价信息可靠性用当年所有参与评审专家的平均值代替。现有数据求得的专家给"资助"决策时的可靠性平均值为 0.2726，而给"不资助"决策时的可靠性平均值为 0.9592。

项目	项目总数	建议不资助数	建议资助数	TN	TP	R_{TP}	R_{TN}
项目 1/专家 1	2		2			0	
专家 2	12	5	7	4		0	0.8
专家 3	11	9	2	7	1	0.5	0.7778
E 专家 4	19	4	15	4	6	0.4	1
专家 5	4	1	3	1		0	1
项目 3/专家 1	11	8	3	5		0	0.625
专家 2	11	6	5	6	1	0.2	1
专家 3	18	3	15	3	4	0.2667	1
专家 4	15	11	4	11	1	0.25	1
专家 5	10	4	6	4		0	1
项目 4/专家 1							
专家 2	15	4	11	4	1	0.0910	1
专家 3	16	13	3	12		0	0.9231
专家 4	7	1	6	1	3	0.5	1
专家 5	12	7	5	7	2	0.4	1

续表

项目	项目总数	建议不资助数	建议资助数	TN	TP	R_{TP}	R_{TN}
项目/专家1							
专家2							
专家3							
专家4	6	1	5	1		0	1
专家5	7	5	2	5	1	0.5	1
项目6/专家1							
专家2	14	4	10	4	3	0.3	1
专家3	18	2	16	2	3	0.1875	1
专家4							
专家5	12	5	7	5	4	0.5714	1
项目7/专家1							
专家2	3	1	2	1	2	1	1
专家3	23	7	16	7	3	0.1875	1
专家4							
专家5							
项目8/专家1	15	11	4	11	1	0.25	1
专家2	18	3	15	3	4	0.2667	1
专家3	11	6	5	6	1	0.2	1
专家4	10	4	6	4		0	1
专家5	11	8	3	5		0	0.625
项目9/专家1	10	2	8	2	3	0.375	1
专家2	11	5	6	4	2	0.3333	0.8
专家3	5	1	4	1	1	0.25	1
专家4	20	6	14	6	6	0.4286	1
专家5	11	8	3	5		0	0.625
项目10/专家1	18	3	15	3	4	0.2667	1
专家2	15	11	4	11	1	0.25	1
专家3	11	8	3	5		0	0.625
专家4	10	4	6	4		0	1
专家5	11	6	5	6	1	0.2	1

附录 B

项目a₂的原始评价信息

项目	专家 1	专家 2	专家 3	专家 4	专家 5
综合评价	中	良	差	优	优
资助意见	不予资助	可资助	不予资助	优先资助	可资助

项目a₃的原始评价信息

项目	专家 1	专家 2	专家 3	专家 4	专家 5
综合评价	中	良	良	良	中
资助意见	可资助	可资助	可资助	可资助	可资助

用以项目a₂和a₃专家可靠性的历史评估统计数据

项目	专家	项目数	建议不资助数	建议资助数	TN	TP	R_{TP}	R_{TN}
项目a₂	专家 3	13	4	9	4	4	0.4444	1
项目a₃	专家 3	19	6	13	6	6	0.4615	1
	专家 5	12	2	10	2	3	0.3	1

参考文献

［1］鲍玉昆，李新男．试析科技项目立项中的同行评议制［J］．软科学，2002，16（4）：14－16.

［2］蔡雷．建模与仿真中权重确定的模糊数学方法［J］．教学与科技，2004，17（2）：23－27.

［3］曹成．基于证据推理的 TOPSIS 群决策方法［D］．太原：中北大学，2020.

［4］陈喜乐，李腾达，刘伟榕．定性评价方法的极限与超越——基于对同行评议的研究综述［J］．未来与发展，2014（5）：16－20.

［5］陈晓田．国家自然科学基金与我国管理科学，1986－2008［M］．北京：科学出版社，2009.

［6］陈媛，樊治平．科技类评审中项目选择的两阶段综合集成方法［J］．中国管理科学，2010，18（2）：127－133.

［7］陈悦华，黄刚．基于改进的粗糙集与 AHP 法的组合权重确定方法［J］．测控技术，2017，36（6）：132－135.

［8］戴跃强，徐泽水，李琰，等．语言信息评估新标度及其应用［J］．中国管理科学，2008，16（2）：145－149.

［9］邓勇，韩德强．广义证据理论中的基本概率指派生成方法［J］．西安交通大学学报，2011，45（2）：34－38.

［10］邓勇，施文康，朱振福．一种有效处理冲突证据的组合方法［J］．红外与毫米波学报，2004，23（1）：27－32.

［11］段新生．证据理论与决策、人工智能［M］．北京：中国人民大学出版社，1993.

［12］范建平，张晓杰，吴美琴．基于密度加权平均算子的交叉效率集结方法［J］．统计与决策，2022，38（3）：60－64.

［13］范英，郑永和，等．海外科学基金评审方法与实践［M］．北京：科学出版社，2004.

［14］付超．基于置信信念函数的群决策过程研究［D］．合肥：合肥工业大学，2009.

［15］付艳华．基于证据推理的不确定多属性决策方法研究［D］．沈阳：东北大学，2010.

［16］龚本刚，华中生，檀大水．一种语言评价信息不完全的多属性群决策方法［J］．中国管理科学，2007，15（1）：88－93.

［17］龚本刚．基于证据理论的不完全信息多属性决策方法研究［D］．合肥：中国科学技术大学，2007.

［18］龚旭．科学政策与同行评议：中美科学制度与政策比较研究［M］．杭州：浙江大学出版社，2009.

［19］龚旭．中美同行评议公正性政策比较研究［J］．科研管理，2005，26（3）：1－7.

［20］郭昱．权重确定方法综述［J］．农村经济与科技，2018，29（8）：252－253.

［21］郭碧坚，韩宇．美英等国科学基金组织改进同行评议的方法［J］．科研管理，1996，17（1）：58－61.

［22］郭碧坚，韩宇．同行评议制：方法，理论，功能，指标［J］．科学学研究，1994，12（3）：63－73.

［23］郭健，尹洁林．基于模糊证据理论的二氧化碳地质封存项目安全风险评价［J］．科技管理研究，2016，36（3）：50－54.

［24］国家科技评估中心．科学基金资助与管理绩效国际评估：综合证据报告［R］．北京，2011：121，124.

［25］何成铭，李文鹏，冯靖．基于 DEA 和 G1 法的指标综合赋权方法［J］．四川兵工学报，2010，31（10）：128－130.

［26］何香香，王家平．关于完善同行评议体系的一些思考［J］．中国科学基金，2005，19（2）：112－114.

［27］胡明晖，乔冬梅，曾国屏．我国科学基金制的演变、评价与政策建议［J］．武汉理工大学学报：社会科学版，2006，19（5）：691－696.

［28］胡明铭，黄菊芳．同行评议研究综述［J］．中国科学基金，2005，19（4）：251－253.

［29］黄杰，尉永清，伊静，刘孟迪．基于核密度估计的基本概率指派生成方法［J］．计算机应用研究，2020，37（7）：2037－2040，2044. DOI：10. 19734/j. issn. 1001－3695. 2018. 11. 0882.

［30］江虎军，冯雪莲，冯锋，等．科学合理设置评议表提高同行评议的有效性和公正性［J］．中国基础科学，2008（6）：46－49.

［31］江虎军，冯雪莲，杨新泉，等．影响科学基金项目同行评议质量的因素及改进措施［J］．中国科学基金，2006，20（6）：359－363.

［32］姜春林，张立伟，孙军卫．基于可视化技术的国外同行评议研究进展［J］．科学学与科学技术管理，2013，34（12）：29－36.

［33］蒋雯，陈运东，汤潮，等．基于样本差异度的基本概率指派生成方法［J］．控制与决策，2015，30（1）：71－75.

［34］焦利明等．一种确定指标权重的新方法［J］．指挥控制与仿真，2006，28（1）：94－97.

［35］柯小路，马荔瑶，李子懿，等．证据推理规则的性质研究及方法修正［J］．信息与控制，2016，45（2）：165－170.

［36］李弼程，钱曾波．一种有效的证据理论合成公式［J］．数据采集与处理，2002，17（1）：33－36.

［37］李东，郝艳妮，何贤芒．国家自然科学基金同行评议专家信息库

的梳理与重构设计［J］．中国科学基金，2014（3）：209－213．

［38］李光文，吴达．同行评议专家反评估实证研究［J］．天津科技，2011（4）：92－94．

［39］李文立，郭凯红．DS 证据理论合成规则及冲突问题［J］．系统工程理论与实践，2010，30（8）：1422－1432．

［40］李延瑾．科技项目立项评审的同行评议方法研究［D］．武汉：武汉理工大学，2002．

［41］刘大有，欧阳继红，唐海鹰，等．一种简化证据理论模型的研究［J］．计算机研究与发展，1999，36（2）：134－138．

［42］林元庆，陈加良．方法群评价中权重集化问题的研究［J］．中国管理科学，2002（z1）：20－22．

［43］林泽阳，林建华．一种基于盲数的主观赋权法研究［J］．计算机与数字工程，2015，43（6）：1073－1077．

［44］林作铨，牟克典，韩庆．基于未知扰动的冲突证据合成方法［J］．软件学报，2004，15（8）：1150－1156．

［45］刘素芝，何小东，李建军．基于知识粒度的森林生态系统健康评价指标赋权方法［J］．生态学杂志，2014，33（4）：1082－1088．

［46］刘燕，李影．因子分析的权重解决方法——一个与偏序集相结合的评价模型［J］．辽宁工程技术大学学报（社会科学版），2020，22（6）：457－465．

［47］刘志成，乔慧，何佳洲．基于加权证据距离的高度冲突证据组合方法［J］．计算机工程与应用，2014（3）：103－107．

［48］陆文星，梁昌勇，丁勇．一种基于证据距离的客观权重确定方法［J］．中国管理科学，2008，16（6）：95－99．

［49］潘巍，王阳生，杨宏戟．DS 证据理论决策规则分析［J］．计算机工程与应用，2004，40（14）：14－17．

［50］彭国甫，李树丞，盛明科．应用层次分析法确定政府绩效评估指标权重研究［J］．中国软科学，2004（6）：136－139．

［51］彭张林. 综合评价过程中的相关问题及方法研究［D］. 合肥：合肥工业大学，2015.

［52］齐丽丽，司晓悦. 对我国同行评议专家遴选制度的建议［J］. 科技成果纵横，2008（5）：26－28.

［53］史超，程咏梅，潘泉. 基于直觉模糊和证据理论的混合型偏好信息集结方法［J］. 控制与决策，2012，27（8）：1163－1168.

［54］宋冬梅，刘春晓，沈晨，等. 基于主客观赋权法的多目标多属性决策方法［J］. 山东大学学报（工学版），2015，45（4）：1－9.

［55］孙德忠，喻登科，田野. 一种基于专家组合多重相关的主观赋权方法［J］. 统计与决策，2012（19）：88－90.

［56］孙全，叶秀清，顾伟康. 一种新的基于证据理论的合成公式［J］. 电子学报，2000，28（8）：117－119.

［57］王成红，何杰，刘克，等. 关于同行评议专家定量评估指标研究的几个新结果［J］. 系统工程理论与实践，2004，2（2）：83－89.

［58］王东鹏，朱卫东，陈波，等. 认知视角的科学基金项目专家评议意见分析——基于 ER 规则的研究［J］. 科学学与科学技术管理，2015，36（4）：22－35.

［59］王东鹏. 科学基金资助与管理的关键问题研究［D］. 合肥：合肥工业大学，2014.

［60］王坚强. 一种信息不完全确定的多准则语言群决策方法［J］. 控制与决策，2007，22（4）：394－398.

［61］王莉，冯民权，张文，等. 层次分析方差赋权的物元模型在河流退化评价中的应用［J］. 安全与环境学报，2016，16（2）：364－370.

［62］王凭慧. 科学研究项目评估方法综述［J］. 科研管理，1999，20（3）：18－24.

［63］王伟. 科研立项评估方法和技术的研究及应用［D］. 邯郸：河北工程大学，2007.

［64］王欣荣. 基于语言评价信息的群决策理论与方法研究［D］. 沈

阳：东北大学，2003.

[65] 王雄，吴庆田．基于模糊语言的科研基金项目立项评估研究 [J]．科技进步与对策，2007，24（9）：61 – 63.

[66] 王勇，汪华登，唐成华．非共识项目的评审机制探讨与建议 [J]．中国科学基金，2012，2：74 – 78.

[67] 王占斌，赵辉，齐红丽，等．基于信度函数的冲突证据组合新方法 [J]．上海理工大学学报，2008，30（1）：50 – 54.

[68] 王志强．关于完善同行评议制度的若干问题和思考——同行评议调研综述 [J]．中国科学基金，2002，16（5）：309 – 313.

[69] 王祖俪，王娟，石磊，等．基于客观赋权法的多属性社交网络节点重要性排序 [J]．计算机应用研究，2016，10：1 – 5.

[70] 卫格格，鲁丽丽，翟小静，等．基于博弈论组合赋权法的图书馆读者满意度评价指标权重确定 [J]．情报探索，2014（3）：43 – 45.

[71] 魏燕明，王明华，娄渊位，等．基于 MDI 综合赋权的军航空管模糊物元安全评价 [J]．中国安全生产科学技术，2016，12（6）：147 – 152.

[72] 吴述尧．同行评议方法论 [M]．北京：科学出版社，1996.

[73] 肖人毅，王长锐．科研基金项目立项评估方法的研究与改进 [J]．系统工程理论与实践，2004，24（5）：66 – 71.

[74] 肖文．基于证据理论的多属性决策关联问题研究 [D]．南昌：江西财经大学，2011.

[75] 谢学铭，郑健．基于云模型主观赋权法的多目标决策研究 [J]．中国西部科技，2009，8（25）：7 – 8.

[76] 徐晓滨，郑进，徐冬玲，等．基于证据推理规则的信息融合故障诊断方法 [J]．控制理论与应用，2015（9）：1170 – 1182.

[77] 徐泽水．不确定多属性决策方法及应用 [M]．北京：清华大学出版社，2004.

[78] 徐泽水．纯语言多属性群决策方法研究 [J]．控制与决策，2004，19（7）：778 – 781.

［79］杨国梁，李晓轩，孟溦．基于区间数证据推理方法的用户满意度调查［J］．管理工程学报，2012，26（1）：27-34.

［80］杨列勋，汪寿阳，席酉民．科学基金遴选中非共识研究项目的评估研究［J］．科学学研究，2002，20（2）：185-188.

［81］杨列勋．R&D项目评估研究综述［J］．管理工程学报，2002，16（2）：60-65.

［82］杨善林，朱卫东，任明仑．基于学习的证券市场专家预测意见合成研究［J］．系统工程学报，2004，19（1）：94-98.

［83］叶回春，张世文，黄元仿，等．粗糙集理论在土壤肥力评价指标权重确定中的应用［J］．中国农业科学，2014，47（4）：710-717.

［84］俞立平，潘云涛，武夷山．一种新的客观赋权科技评价方法——独立信息数据波动赋权法DIDF［J］．软科学，2010，24（11）：32-37.

［85］岳超源．决策理论与方法［M］．北京：科学出版社，2003.

［86］岳立柱，闫艳．基于序数信息的属性权重确定方法［J］．统计与决策，2015（13）：78-80.

［87］张改珍．我国科学基金同行评议研究——相关文献分析［J］．中国科学基金，2013，27（4）：214-217.

［88］张冠南．地方科研资助机构非共识现象研究［D］．上海：华东师范大学，2015.

［89］张国宏，周霞．运用进化论完善我国科技管理同行评议专家制度［J］．科研管理，2015（S1）：490-494.

［90］张洪涛，朱卫东，王慧，等．多维框架证据推理的科研项目立项评估方法［J］．科研管理，2013（6）：122-128.

［91］张洪涛，朱卫东．不完全信息下一种信度判断矩阵及其集结方法［J］．系统工程，2010，28（7）：107-110.

［92］张立军，杨娟．考虑专家权重的科技成果模糊综合评价［J］．科技与经济，2011，24（4）：1-5.

［93］张荣．新环境下同行评议的机制研究［D］．武汉：武汉大

学，2005.

［94］周光中. 基于 DS 证据理论的科学基金立项评估问题研究［D］. 合肥：合肥工业大学，2009.

［95］周建中，徐芳. 国立科研机构同行评议方法的模式比较研究［J］. 科学学研究，2013（11）：1642 – 1648.

［96］朱慧明. 现代经济管理中的线性贝叶斯推断理论与多总体贝叶斯分类识别方法研究［D］. 南京：南京理工大学，2003.

［97］朱卫东，刘芳，王东鹏，等. 科学基金项目立项评估：综合评价信息可靠性的多指标证据推理规则研究［J］. 中国管理科学，2016，24（10）：141 – 148.

［98］朱卫东，张洪涛，张晨，等. 基于两维语义的科学基金立项评估方法［J］. 系统工程理论实践，2012，32（12）：2697 – 2703.

［99］Ali T, Dutta P. Methods to obtain basic probability assignment in evidence theory［J］. International Journal of Computer Applications，2012，38（4）：46 – 51.

［100］Amiri M P. Project selection for oil-fields development by using the AHP and fuzzy TOPSIS methods［J］. Expert Systems with Applications，2010，37（9）：6218 – 6224.

［101］Arratia M N M, Lopez I F, Schaeffer S E, et al. Static R&D project portfolio selection in public organizations［J］. Decision Support Systems，2016，84（C）：53 – 63.

［102］Badri M A, Davis D, Davis D. A comprehensive 0 – 1 goal programming model for project selection［J］. International Journal of Project Management，2001，19（4）：243 – 252.

［103］Baker N, Freeland J. Recent advances in R&D benefit measurement and project selection methods［J］. Management Science，1975，21（10）：1164 – 1175.

［104］Beynon M J. Understanding local ignorance and non-specificity within the DS/AHP method of multi-criteria decision making [J]. European Journal of Operational Research, 2005, 163 (2): 403 – 417.

[105] Bonissone P P, Decker K S. Selecting uncertainty calculi and granularity: an experiment in trading-off precision and complexity [J]. Machine Intelligence & Pattern Recognition, 1986, 4: 217 – 247.

[106] Bordogna G, Fedrizzi M, Pasi G. A linguistic modeling of consensus in group decision making based on OWA operators [J]. Systems, Man and Cybernetics, Part A: Systems and Humans, IEEE Transactions on, 1997, 27 (1): 126 – 133.

[107] Bottomley P A, Doyle J R. A comparison of three weight elicitation methods: good, better, and best [J]. Omega, 2001, 29 (6): 553 – 560.

[108] Bulathsinhala N A. Ex-ante evaluation of publicly funded R&D projects: searching for exploration [J]. Science and Public Policy, 2015, 42 (2): 162 – 175.

[109] Carlsson C, Fuller R, Heikkilä M, et al. A fuzzy approach to R&D project portfolio selection [J]. International Journal of Approximate Reasoning, 2007, 44 (2): 93 – 105.

[110] Chen S – J, Hwang C – L. Fuzzy multiple attribute decision making method and application [M]. New York: Springer, 1992.

[111] Chen Y, Chen Y W, Xu X B, et al. A data-driven approximate causal inference model using the evidential reasoning rule [J]. Knowledge-Based Systems, 2015, 88: 264 – 272.

[112] Chiang T A, Che Z H. A fuzzy robust evaluation model for selecting and ranking NPD projects using Bayesian belief network and weight-restricted DEA [J]. Expert Systems with Applications, 2010, 37 (11): 7408 – 7418.

[113] Chubin D E, Hackett E J, Hackett E J. Peerless science: peer review and US science policy [M]. Suny Press, 1990.

[114] Cobb B R, Shenoy P P. On the plausibility transformation method for

translating belief function models to probability models [J]. International Journal of Approximate Reasoning, 2006, 41 (3): 314 – 330.

[115] Coffin M A, Taylor Ⅲ B W. Multiple criteria R&D project selection and scheduling using fuzzy logic [J]. Computers & Operations Research, 1996, 23 (3): 207 – 220.

[116] Collan M, Luukka P. Evaluating R&D projects as investments by using an overall ranking from four new fuzzy similarity measure-based TOPSIS variants [J]. IEEE Transactions on Fuzzy Systems, 2013, 22 (3): 505 – 515.

[117] Cooper G F, Herskovits E. A Bayesian method for the induction of probabilistic networks from data [J]. Machine Learning, 1992, 9 (4): 309 – 347.

[118] Costantino F, Di Gravio G, Nonino F. Project selection in project portfolio management: an artificial neural network model based on critical success factors [J]. International Journal of Project Management, 2015, 33 (8): 1744 – 1754.

[119] Dambreville F, Celeste F, Dezert J, et al. Probabilistic PCR6 fusion rule [J]. Advances and Applications of DSmT for Information Fusion, 2009, 3: 137 – 160.

[120] Degani R, Bortolan G. The problem of linguistic approximation in clinical decision making [J]. International Journal of Approximate Reasoning, 1988, 2 (2): 143 – 162.

[121] Delgado M, Verdegay J L, Vila M A. On aggregation operations of linguistic labels [J]. International Journal of Intelligent Systems, 1993, 8 (3): 351 – 370.

[122] Dempster A P. Upper and lower probabilities induced by a multivalued mapping [J]. The Annals of Mathematical Statistics, 1967: 325 – 339.

[123] Deng X, Liu Q, Deng Y, et al. An improved method to construct basic probability assignment based on the confusion matrix for classification problem [J]. Information Sciences, 2016, 340: 250 – 261.

［124］ Denoeux T. A neural network classifier based on Dempster-Shafer theory ［J］. Systems, Man and Cybernetics, Part A: Systems and Humans, IEEE Transactions on, 2000, 30 （2）: 131 – 150.

［125］ Diakoulaki D, Mavrotas G, Papayannakis L. Determining objective weights in multiple criteria problems: the critic method ［J］. Computers & Operations Research, 1995, 22 （7）: 763 – 770.

［126］ Dong Y, Zhang G, Hong W – C, et al. Linguistic computational model based on 2-tuples and intervals ［J］. Fuzzy Systems, IEEE Transactions on, 2013, 21 （6）: 1006 – 1018.

［127］ Du Y W, Wang S S, Wang Y M. Group fuzzy comprehensive evaluation method under ignorance ［J］. Expert Systems with Applications, 2019, 126: 92 – 111.

［128］ Du Y W, Yang N, Ning J. IFS/ER-based large-scale multiattribute group decision-making method by considering expert knowledge structure ［J］. Knowledge-Based Systems, 2018, 162: 124 – 135.

［129］ Dubois D, Prade H. Representation and combination of uncertainty with belief functions and possibility measures ［J］. Computational Intelligence, 1988, 4 （3）: 244 – 264.

［130］ Eilat H, Golany B, Shtub A. R&D project evaluation: an integrated DEA and balanced scorecard approach ［J］. Omega, 2008, 36 （5）: 895 – 912.

［131］ Fan Z P, Liu Y. A method for group decision-making based on multi-granularity uncertain linguistic information ［J］. Expert Systems with Applications, 2010, 37 （5）: 4000 – 4008.

［132］ Feng B, Ma J, Fan Z – P. An integrated method for collaborative R&D project selection: supporting innovative research teams ［J］. Expert Systems with Applications, 2011, 38 （5）: 5532 – 5543.

［133］ Fu C, Yang J B, Yang S L. A group evidential reasoning approach based on expert reliability ［J］. European Journal of Operational Research,

2015, 246 (3): 886 – 893.

[134] Ghapanchi A H, Tavana M, Khakbaz M H, et al. A methodology for selecting portfolios of projects with interactions and under uncertainty [J]. International Journal of Project Management, 2012, 30 (7): 791 – 803.

[135] Haenni R, Lehmann N. Probabilistic argumentation systems: a new perspective on the dempster-shafer theory [J]. International Journal of Intelligent Systems, 2003, 18 (1): 93 – 106.

[136] Haenni R. Are alternatives to Dempster's rule of combination real alternatives?: comments on "about the belief function combination and the conflict management problem" —Lefevre et al [J]. Information Fusion, 2002, 3 (3): 237 – 239.

[137] Heidenberger K, Stummer C. Research and development project selection and resource allocation: a review of quantitative modelling approaches [J]. International Journal of Management Reviews, 1999, 1 (2): 197 – 224.

[138] Henriksen A D, Traynor A J. A practical R&D project-selection scoring tool [J]. IEEE Transactions on Engineering Management, 1999, 46 (2): 158 – 170.

[139] Herrera F, Herrera-Viedma E. A model of consensus in group decision making under linguistic assessments [J]. Fuzzy sets and Systems, 1996, 78 (1): 73 – 87.

[140] Herrera F, Martínez L. A 2-tuple fuzzy linguistic representation model for computing with words [J]. Fuzzy Systems, IEEE Transactions on, 2000, 8 (6): 746 – 752.

[141] Herrera F, Martínez L. A model based on linguistic 2-tuples for dealing with multigranular hierarchical linguistic contexts in multi-expert decision-making [J]. Systems, Man, and Cybernetics, Part B: Cybernetics, IEEE Transactions on, 2001, 31 (2): 227 – 234.

[142] Hong C S, Oh T G. TPR-TNR plot for confusion matrix [J]. Com-

munications for Statistical Applications and Methods, 2021, 28 (2): 161 – 169.

[143] Horiuchi T. Decision rule for pattern classification by integrating interval feature values [J]. Pattern Analysis and Machine Intelligence, IEEE Transactions on, 1998, 20 (4): 440 – 448.

[144] Horrobin D F. Peer review of grant applications: a harbinger for mediocrity in clinical research? [J]. The Lancet, 1996, 348 (9037): 1293 – 1295.

[145] Hsu Y G, Tzeng G H, Shyu J Z. Fuzzy multiple criteria selection of government-sponsored frontier technology R&D projects [J]. R&D Management, 2003, 33 (5): 539 – 551.

[146] Hua Z, Gong B, Xu X. A DS-AHP approach for multi-attribute decision making problem with incomplete information [J]. Expert Systems with Applications, 2008, 34 (3): 2221 – 2227.

[147] Huang C – C, Chu P – Y, Chiang Y – H. A fuzzy AHP application in government-sponsored R&D project selection [J]. Omega, 2008, 36 (6): 1038 – 1052.

[148] Jackson B. Decision methods for selecting a portfolio of R&D projects [J]. Research Management, 1983, 26 (5): 21 – 26.

[149] Jahan A, Mustapha F, Sapuan S, et al. A framework for weighting of criteria in ranking stage of material selection process [J]. The International Journal of Advanced Manufacturing Technology, 2012, 58 (1 – 4): 411 – 420.

[150] Jahanshahloo G R, Lotfi F H, Izadikhah M. An algorithmic method to extend TOPSIS for decision-making problems with interval data [J]. Applied Mathematics and Computation, 2006, 175 (2): 1375 – 1384.

[151] Jayasinghe U W, Marsh H W, Bond N. A new reader trial approach to peer review in funding research grants: an Australian experiment [J]. Scientometrics, 2006, 69 (3): 591 – 606.

[152] Jiang W, Deng Y, Peng J. A new method to determine BPA in evidence theory [J]. Journal of Computers, 2011, 6 (6): 1162 – 1167.

[153] Jiang W, Duanmu D, Fan X, et al. A new method to determine basic probability assignment under fuzzy environment [C]. Systems and Informatics (ICSAI), 2012 International Conference on. IEEE, 2012: 758 – 762.

[154] Jiang W, Wang S, Liu X, et al. Evidence conflict measure based on OWA operator in open world [J]. Plos One, 2017, 12 (5): e0177828.

[155] Jiang W, Yang Y, Luo Y, et al. Determining basic probability assignment based on the improved similarity measures of generalized fuzzy numbers [J]. International Journal of Computers Communications & Control, 2015, 10 (3): 333 – 347.

[156] Jousselme A – L, Maupin P. Distances in evidence theory: comprehensive survey and generalizations [J]. International Journal of Approximate Reasoning, 2012, 53 (2): 118 – 145.

[157] Jung U, Seo D. An ANP approach for R&D project evaluation based on interdependencies between research objectives and evaluation criteria [J]. Decision Support Systems, 2010, 49 (3): 335 – 342.

[158] Južnič P, Pečlin S, Žaucer M, et al. Scientometric indicators: peer-review, bibliometric methods and conflict of interests [J]. Scientometrics, 2010, 85 (2): 429 – 441.

[159] Karasakal E, Aker P. A multicriteria sorting approach based on data envelopment analysis for R&D project selection problem [J]. Omega, 2017, 73: 79 – 92.

[160] Khalili-Damghani K, Sadi-Nezhad S, Tavana M. Solving multi-period project selection problems with fuzzy goal programming based on TOPSIS and a fuzzy preference relation [J]. Information Sciences, 2013, 252: 42 – 61.

[161] Kong G, Xu D – L, Yang J – B, et al. Combined medical quality assessment using the evidential reasoning approach [J]. Expert Systems with Applications, 2015, 42 (13): 5522 – 5530.

[162] Langfeldt L. The policy challenges of peer review: managing bias,

conflict of interests and interdisciplinary assessments [J]. Research Evaluation, 2006, 15 (1): 31 –41.

[163] Lefevre E, Colot O, Vannoorenberghe P. Belief function combination and conflict management [J]. Information Fusion, 2002, 3 (2): 149 – 162.

[164] Lefèvre E, Elouedi Z. How to preserve the conflict as an alarm in the combination of belief functions? [J]. Decision Support Systems, 2013, 56: 326 – 333.

[165] Leung Y, Ji N – N, Ma J – H. An integrated information fusion approach based on the theory of evidence and group decision-making [J]. Information Fusion, 2013, 14 (4): 410 –422.

[166] Li X, Dezert J, Smarandache F, et al. Evidence supporting measure of similarity for reducing the complexity in information fusion [J]. Information Sciences, 2011, 181 (10): 1818 –1835.

[167] Lin T – C. Partition belief median filter based on Dempster-Shafer theory for image processing [J]. Pattern Recognition, 2008, 41 (1): 139 – 151.

[168] Linton J D, Walsh S T, Morabito J. Analysis, ranking and selection of R&D projects in a portfolio [J]. R&D Management, 2002, 32 (2): 139 –148.

[169] Liu F, Chen Y, Yang J, et al. Solving multiple-criteria R&D project selection problems with a data-driven evidential reasoning rule [J]. International Journal of Project Management, 2019, 37 (1): 87 –97.

[170] Liu F, Zhu W, Chen Y, et al. Evaluation, ranking and selection of R&D projects by multiple experts: an evidential reasoning rule based approach [J]. Scientometrics, 2017, 111 (3): 1501 –1519.

[171] Liu J, Gong B. Analysis of uncertainty multi-attribute group decision making process based on DS evidence theory [J]. Journal of Computers, 2011, 6 (4): 711 –717.

[172] Liu J, Liao X, Yang J – B. A group decision-making approach based on evidential reasoning for multiple criteria sorting problem with uncertainty [J].

European Journal of Operational Research, 2015, 246 (3): 858 –873.

[173] Liu X B, Pei F, Yang J B, et al. An MAGDM approach combining numerical values with uncertain linguistic information and its application in evaluation of R&D projects [J]. International Journal of Computational Intelligence Systems, 2010, 3 (5): 575 –589.

[174] Luo H, Yang S – L, Hu X – J, et al. Agent oriented intelligent fault diagnosis system using evidence theory [J]. Expert Systems with Applications, 2012, 39 (3): 2524 –2531.

[175] Luukkonen T. Conservatism and risk-taking in peer review: emerging ERC practices [J]. Research Evaluation, 2012, 21 (1): 48 –60.

[176] Ma J, Fan Z P, Huang L H. A subjective and objective integrated approach to determine attribute weights [J]. European Journal of Operational Research, 1999, 112 (2): 397 –404.

[177] Mahmoodzadeh S, Shahrabi J, Pariazar M, et al. Project selection by using fuzzy AHP and TOPSIS technique [J]. International Journal of Industrial and Manufacturing Engineering, 2007, 1 (6): 270 –275.

[178] Marsh H W, Jayasinghe U W, Bond N W. Improving the peer-review process for grant applications: reliability, validity, bias, and generalizability [J]. American Psychologist, 2008, 63 (3): 160.

[179] Martin O, Klir G J. On the problem of retranslation in computing with perceptions [J]. International Journal of General Systems, 2006, 35 (6): 655 –674.

[180] Mccambridge J, Witton J, Elbourne D R. Systematic review of the Hawthorne effect: new concepts are needed to study research participation effects [J]. Journal of Clinical Epidemiology, 2014, 67 (3): 267 –277.

[181] Meade L M, Presley A. R&D project selection using the analytic network process [J]. IEEE Transactions on Engineering Management, 2002, 49 (1): 59 –66.

[182] Mervis J. Beyond the data [J]. Science, 2011, 334 (6053): 169 –171.

[183] Miller G A. The magical number seven, plus or minus two: some limits on our capacity for processing information [J]. Psychological Review, 1956, 63 (2): 81.

[184] Mottley C, Newton R. The selection of projects for industrial research [J]. Operations Research, 1959, 7 (6): 740 –751.

[185] Olsson N O, Krane H P, Rolstadås A, et al. Influence of reference points in ex post evaluations of rail infrastructure projects [J]. Transport Policy, 2010, 17 (4): 251 –258.

[186] Oral M, Kettani O, Çınar Ü. Project evaluation and selection in a network of collaboration: a consensual disaggregation multi-criterion approach [J]. European Journal of Operational Research, 2001, 130 (2): 332 –346.

[187] Pang S, Hou X, Xia L. Borrowers' credit quality scoring model and applications, with default discriminant analysis based on the extreme learning machine [J]. Technological Forecasting and Social Change, 2021, 165: 120462.

[188] Pedrycz W, Ekel P, Parreiras R. Fuzzy multicriteria decision-making: models, methods and applications [M]. John Wiley & Sons, 2011.

[189] Pinheiro M L, Serôdio P, Pinho J C, et al. The role of social capital towards resource sharing in collaborative R&D projects: evidences from the 7th Framework Programme [J]. International Journal of Project Management, 2016, 34 (8): 1519 –1536.

[190] Poh K, Ang B, Bai F. A comparative analysis of R&D project evaluation methods [J]. R&D Management, 2001, 31 (1): 63 –75.

[191] Provost F, Kohavi R. Guest editors' introduction: On applied research in machine learning [J]. Machine Learning, 1998, 30 (2): 127 –132.

[192] Qin B, Xiao F. An improved method to determine basic probability assignment with interval number and its application in classification [J]. International Journal of Distributed Sensor Networks, 2019, 15 (1): 1550147718820524.

[193] Rao R V, Davim J. A decision-making framework model for material

selection using a combined multiple attribute decision-making method [J]. The International Journal of Advanced Manufacturing Technology, 2008, 35 (7 – 8): 751 – 760.

[194] Rao R, Patel B. A subjective and objective integrated multiple attribute decision making method for material selection [J]. Materials & Design, 2010, 31 (10): 4738 – 4747.

[195] Rosales L J S, Chen Y W, Yang J B. Estimation of uncertain unscheduled activities in aircraft maintenance using ER Rule [C]. Transportation Information and Safety (ICTIS), 2015 International Conference on. IEEE, 2015: 675 – 681.

[196] Santamaría L, Barge-Gil A, Modrego A. Public selection and financing of R&D cooperative projects: credit versus subsidy funding [J]. Research policy, 2010, 39 (4): 549 – 563.

[197] Schmidt R L, Freeland J R. Recent progress in modeling R&D project-selection processes [J]. IEEE Transactions on Engineering Management, 1992, 39 (2): 189 – 201.

[198] Shafer G. A mathematical theory of evidence [M]. Princeton university press Princeton, 1976.

[199] Shanian A, Savadogo O. A methodological concept for material selection of highly sensitive components based on multiple criteria decision analysis [J]. Expert Systems with Applications, 2009, 36 (2): 1362 – 1370.

[200] Shih H S, Shyur H J, Lee E S. An extension of TOPSIS for group decision making [J]. Mathematical and Computer Modelling, 2007, 45 (7 – 8): 801 – 813.

[201] Silva T, Guo Z, Ma J, et al. A social network-empowered research analytics framework for project selection [J]. Decision Support Systems, 2013, 55 (4): 957 – 968.

[202] Silva T, Jian M, Chen Y. Process analytics approach for R&D project

selection [J]. ACM Transactions on Management Information Systems (TMIS), 2014, 5 (4): 1 –34.

[203] Smarandache F, Dezert J, Tacnet J M. Fusion of sources of evidence with different importances and reliabilities [C]. Information Fusion (FUSION), 2010 13th Conference on. IEEE, 2010: 1 –8.

[204] Smets P, Kennes R. The transferable belief model [J]. Artificial intelligence, 1994, 66 (2): 191 –234.

[205] Smets P. Belief functions on real numbers [J]. International Journal of Approximate Reasoning, 2005, 40 (3): 181 –223.

[206] Smets P. Belief functions: the disjunctive rule of combination and the generalized Bayesian theorem [J]. International Journal of Approximate Reasoning, 1993, 9 (1): 1 –35.

[207] Smets P. Constructing the pignistic probability function in a context of uncertainty [M]. Machine intelligence and pattern recognition. North-Holland, 1990, 10: 29 –39.

[208] Smets P. The combination of evidence in the transferable belief model [J]. Pattern Analysis and Machine Intelligence, IEEE Transactions on, 1990, 12 (5): 447 –458.

[209] Smith C A B. Consistency in statistical inference and decision [J]. Journal of the Royal Statistical Society: Series B (Methodological), 1961, 23 (1): 1 –25.

[210] Solak S, Clarke J P B, Johnson E L, et al. Optimization of R&D project portfolios under endogenous uncertainty [J]. European Journal of Operational Research, 2010, 207 (1): 420 –433.

[211] Strat T M. Decision analysis using belief functions [J]. International Journal of Approximate Reasoning, 1990, 4 (5 –6): 391 –417.

[212] Suh D, Yook J. A method to determine basic probability assignment in context awareness of a moving object [J]. International Journal of Distributed

Sensor Networks, 2013: 1 – 7.

[213] Tang L, Hu G, Liu W. Funding acknowledgment analysis: Queries and caveats [J]. Journal of the Association for Information Science and Technology, 2017, 68 (3): 790 – 794.

[214] Tavana M, Keramatpour M, Santos-Arteaga F J, et al. A fuzzy hybrid project portfolio selection method using data envelopment analysis, TOPSIS and integer programming [J]. Expert Systems with Applications, 2015, 42 (22): 8432 – 8444.

[215] Tavana M, Khalili-Damghani K, Abtahi A R. A hybrid fuzzy group decision support framework for advanced-technology prioritization at NASA [J]. Expert Systems with Applications, 2013, 40 (2): 480 – 491.

[216] Telmoudi A, Chakhar S. Data fusion application from evidential databases as a support for decision making [J]. Information and Software Technology, 2004, 46 (8): 547 – 555.

[217] Tian Q, Ma J, Liang J, et al. An organizational decision support system for effective R&D project selection [J]. Decision Support Systems, 2005, 39 (3): 403 – 413.

[218] Travis G D L, Collins H M. New light on old boys: cognitive and institutional particularism in the peer review system [J]. Science, Technology, & Human Values, 1991, 16 (3): 322 – 341.

[219] Van Den Besselaar P, Sandström U, Schiffbaenker H. Studying grant decision-making: a linguistic analysis of review reports [J]. Scientometrics, 2018, 117 (1): 313 – 329.

[220] Wang J, Hwang W L. A fuzzy set approach for R&D portfolio selection using a real options valuation model [J]. Omega, 2007, 35 (3): 247 – 257.

[221] Wang J H, Hao J. A new version of 2-tuple fuzzy linguistic representation model for computing with words [J]. Fuzzy Systems, IEEE Transactions on, 2006, 14 (3): 435 – 445.

［222］Wang J Q, Wang D D, Zhang H－Y, et al. Multi-criteria group decision making method based on interval 2-tuple linguistic information and Choquet integral aggregation operators ［J］. Soft Computing, 2015, 19 （2）: 389－405.

［223］Wang Y, Jia Y, Tian Y, et al. Deep reinforcement learning with the confusion-matrix-based dynamic reward function for customer credit scoring ［J］. Expert Systems with Applications, 2022, 200: 117013.

［224］Wang Y M, Yang J B, Xu D L. A preference aggregation method through the estimation of utility intervals ［J］. Computers & Operations Research, 2005, 32 （8）: 2027－2049.

［225］Wang Y M, Yang J B, Xu D L. Environmental impact assessment using the evidential reasoning approach ［J］. European Journal of Operational Research, 2006a, 174 （3）: 1885－1913.

［226］Wang Y M, Yang J B, Xu D L, et al. The evidential reasoning approach for multiple attribute decision analysis using interval belief degrees ［J］. European Journal of Operational Research, 2006b, 175 （1）: 35－66.

［227］Wei C C, Liang G S, Wang M J J. A comprehensive supply chain management project selection framework under fuzzy environment ［J］. International Journal of Project Management, 2007, 25 （6）: 627－636.

［228］Wei G, Zhao X. Some dependent aggregation operators with 2-tuple linguistic information and their application to multiple attribute group decision making ［J］. Expert Systems with Applications, 2012, 39 （5）: 5881－5886.

［229］Wessely S. Peer review of grant applications: what do we know? ［J］. The Lancet, 1998, 352 （9124）: 301－305.

［230］Xu D L. An introduction and survey of the evidential reasoning approach for multiple criteria decision analysis ［J］. Annals of Operations Research, 2012, 195 （1）: 163－187.

［231］Xu J, Zhang Y, Miao D. Three-way confusion matrix for classification: a measure driven view ［J］. Information Sciences, 2020, 507: 772－794.

[232] Xu X, Zhang D, Bai Y, et al. Evidence reasoning rule-based classifier with uncertainty quantification [J]. Information Sciences, 2020, 516: 192 –204.

[233] Xu X. A note on the subjective and objective integrated approach to determine attribute weights [J]. European Journal of Operational Research, 2004, 156 (2): 530 –532.

[234] Xu Y, Wang H. Approaches based on 2-tuple linguistic power aggregation operators for multiple attribute group decision making under linguistic environment [J]. Applied Soft Computing, 2011, 11 (5): 3988 –3997.

[235] Xu Z. A method based on linguistic aggregation operators for group decision making with linguistic preference relations [J]. Information Sciences, 2004, 166 (1): 19 –30.

[236] Xu Z. Linguistic aggregation operators: an overview [M]. Fuzzy sets and their extensions: representation, aggregation and models. Springer, 2008: 163 –181.

[237] Yager R R. Concepts, theory, and techniques a new methodology for ordinal multiobjective decisions based on fuzzy sets [J]. Decision Sciences, 1981, 12 (4): 589 –600.

[238] Yager R R. On the Dempster-Shafer framework and new combination rules [J]. Information Sciences, 1987, 41 (2): 93 –137.

[239] Yager R R. On ordered weighted averaging aggregation operators in multicriteria decisionmaking [J]. IEEE Transactions on Systems, Man, and Cybernetics, 1988, 18 (1): 183 –190.

[240] Yager R R. Decision making under Dempster-Shafer uncertainties [J]. International Journal of General System, 1992, 20 (3): 233 –245.

[241] Yang J B, Xu D L. Evidential reasoning rule for evidence combination [J]. Artificial Intelligence, 2013, 205: 1 –29.

[242] Yang J B, Sen P. A general multi-level evaluation process for hybrid MADM with uncertainty [J]. Systems, Man and Cybernetics, IEEE Transactions on, 1994, 24 (10): 1458 –1473.

[243] Yang J B, Singh M G. An evidential reasoning approach for multiple-attribute decision making with uncertainty [J]. Systems, Man and Cybernetics, IEEE Transactions on, 1994, 24 (1): 1 –18.

[244] Yang J B, Xu D L. A study on generalising Bayesian inference to evidential reasoning [M]. Belief Functions: Theory and Applications. Springer, 2014: 180 –189.

[245] Yang J B, Xu D L. On the evidential reasoning algorithm for multiple attribute decision analysis under uncertainty [J]. IEEE Transactions on Systems, Man, and Cybernetics-Part A: Systems and Humans, 2002, 32 (3): 289 –304.

[246] Yang J B. Rule and utility based evidential reasoning approach for multiattribute decision analysis under uncertainties [J]. European Journal of Operational Research, 2001, 131 (1): 31 –61.

[247] Yang W, Chen Z. New aggregation operators based on the Choquet integral and 2-tuple linguistic information [J]. Expert Systems with Applications, 2012, 39 (3): 2662 –2668.

[248] Yen J. GERTIS: A Dempster-Shafer approach to diagnosing hierarchical hypotheses [J]. Communications of the ACM, 1989, 32 (5): 573 –585.

[249] Zadeh L A. Review of books: a mathematical theory of evidence [J]. AI magazine, 1984, 5 (3): 81 –83.

[250] Zadeh L A. The concept of a linguistic variable and its application to approximate reasoning-part I [J]. Information Sciences, 1975, 8 (3): 199 –249.

[251] Zeng D, Xu J, Xu G. Data fusion for traffic incident detector using DS evidence theory with probabilistic SVMs [J]. Journal of Computers, 2008, 3 (10): 36 –43.

[252] Zhang C, Hu Y, Chan F T S, et al. A new method to determine basic probability assignment using core samples [J]. Knowledge-based systems, 2014, 69: 140 –149.

[253] Zhou M, Liu X B, Chen Y W, et al. Evidential reasoning rule for

MADM with both weights and reliabilities in group decision making [J]. Knowledge-Based Systems, 2018, 143: 142 – 161.

[254] Zhou M, Liu X B, Yang J B, et al. Group evidential reasoning approach for MADA under fuzziness and uncertainties [J]. International Journal of Computational Intelligence Systems, 2013, 6 (3): 423 – 441.

[255] Zhu W, Liu F, Chen Y, et al. Research project evaluation and selection: an evidential reasoning rule-based method for aggregating peer review information with reliabilities [J]. Scientometrics, 2015, 105 (3): 1469 – 1490.

[256] Zou Z H, Yi Y, Sun J N. Entropy method for determination of weight of evaluating indicators in fuzzy synthetic evaluation for water quality assessment [J]. Journal of Environmental Sciences, 2006, 18 (5): 1020 – 1023.